REMARQUES

SUR

LA RÉPLIQUE

DE L'AUTEUR ANONYME

Du Précis Historique de l'Établissement des Capucins Français à Smyrne, en 1628.

MARSEILLE,

Imprimerie d'ACHARD, rue Grignan, n° 26.

1821.

AVIS.

On a jugé à-propos de réunir le Précis historique avec la Réponse, ainsi que la Réplique suivie des Remarques, afin que le lecteur, ayant sous les yeux ces différentes piéces, en puisse plus facilement connaître le mérite, et voir de quel côté se trouvent les bienséances, la modération, la raison et la vérité.

PRÉCIS HISTORIQUE
DE L'ÉTABLISSEMENT DES CAPUCINS FRANÇAIS A SMYRNE, EN 1628.

ABUSUS SEMPER CLAMAT.

PARAGRAPHE Ier.

L'ÉPOQUE de l'Établissement des RR. PP. Capucins dans le Levant, remonte à la plus haute antiquité. Leur origine se perd dans l'obscurité des tems les plus reculés, (1) puisqu'ils étaient déjà établis dans les terres et dépendances du Grand-Seigneur, sous la protection spéciale des Rois de France, lorsque leur réputation, leur zèle, leur dévoûment à la gloire de Dieu et au salut des âmes, les fit appeler à Smyrne, de la manière suivante :

(1) Voyez les p. 23, 24, 25 et 26 de la réponse.

§ II et III.

L'an 1628, sous le Consulat de Monsieur Bourguignon de la Marc, Mr Jean Dupuy, marseillais, vice-Consul de France à Smyrne, propriétaire du terrain occupé de nos jours par les Capucins, conçut le pieux projet de faire bâtir et d'ajouter une chapelle à la belle maison qu'il habitait dans cette ville. Pour exécuter son projet, et pour le faire tourner à l'avantage de sa nation, il s'adressa à Mr l'Ambassadeur de Sa Majesté très-chrétienne, le Roi de France, Louis XIII, près la Sublime Porte, et lui demanda quelques-uns des Capucins, qui lui servaient d'aumôniers à Constantinople, où ils se faisaient beaucoup d'honneur dans leur saint ministère, depuis que les Rois de France leur avaient obtenu du Grand-Seigneur la permission de s'établir dans ses États. Mr l'Ambassadeur voulant seconder les louables dispositions du vice-Consul, acquiesça avec empressement à ses désirs, et les Capucins demandés arrivèrent à Smyrne, la même année 1628.

§. IV.

A leur arrivée, la chapelle fut construite des deniers de Mr Dupuy, aidé des aumônes abondantes données au nom et en faveur des Capucins français, qui jouissaient de la plus grande considération dans le pays; et elle fut entièrement achevée en 1630.

§. V.

M. Dupuy, voulant alors faire servir cette Chapelle à l'usage du Consulat de France, et à la dévotion de la nation française, obtint de la Cour de Rome un décret du 23 décembre 1630, rendu sur le rapport du très-révérend Seigneur Tornelli, par lequel la sacrée congrégation déclara cette chapelle, Paroisse des Français et de leurs adhérens; et enjoignit à l'Archevêque de Smyrne de la déclarer telle, tant en son nom, que de l'autorité de la sacrée congrégation. Voici ce décret :

§. VI.

« Referente R^{mo} D^{o} Tornellio litteras Con-
» sulis Smyrnæ nationis Gallorum, de conven-
» tu et ecclesiâ pro Capucinis in eâ ædificatis,
» ejusdemque Consulis instantiam, ut dicta
» ecclesia *Parochialis*, declaretur, sacra con-
» gregatio commota pietate præfati Consulis,
» censuit scribendum esse Archiepiscopo Smyr-
» nensi, ut tàm suâ, quàm sacræ congregatio-

» nis autoritate, dictam ecclesiam Capucinorum » declaret *Parochialem* ; etc. »

§. VII.

« Le très-reverend Seigneur Tornelli, » ayant fait rapport de la lettre du consul de » Smyrne pour la nation française, relative » au couvent et à l'Eglise qui ont été bâtis » pour les Capucins dans cette ville, et ayant » exposé que le même Consul demandait ins» tamment que cette Eglise fût déclarée Pa» roisse, la sacrée congrégation, touchée de » la piété dudit Consul, a jugé à-propos » d'écrire à l'Archevêque de Smyrne, pour qu'il » déclarât *Paroisse* cette Eglise des Capucins, » tant en son nom, que de l'autorité de la » sacrée congrégation. »

§. VIII et IX.

Le Père Jean l'Evangeliste, un des Capucins venus de Constantinople à Smyrne, fut le premier Curé de la nouvelle Paroisse. Il était déjà Supérieur de cette mission, ainsi qu'il conste par un autre décret du même jour, 23 décembre 1630, qu'il obtint lui-même de la sacrée congrégation, et dont la teneur suit :

§. X.

« Referente R^mo^ D^o^ Tornellio litteras Patris

» *Evangelistæ* Capucini, missionis Smyrnensis
» *Superioris*, sacra congregatio censuit scri-
» bendum esse Archiepiscopo Smyrnensi, ut
» patribus missionariis societatis Jesu, quos
» ibi constituit suos vicarios, præcipiat, ne
» Capucinos, etiam quoad functiones Paro-
» chiales, visitent, neque, etc. »

« Le très-reverend Seigneur Tornelli,
» ayant fait lecture de la lettre du Père *Evan-*
» *geliste* Capucin, *Supérieur* de la mission
» de Smyrne, la sacrée congrégation a jugé
» à-propos d'écrire à l'Archevêque de Smyrne,
» pour qu'il fît défense aux Pères mission-
» naires Jésuites, qu'il a nommés ses Vicaires
» à Smyrne, de visiter les Capucins, même
» pour ce qui regarde les fonctions de Pa-
» roisse, etc. »

Quelque tems après, en exécution des volontés et des ordres de la sacrée congrégation : l'Archevêque de Smyrne écrivit de Scio, où il se trouvait alors, la lettre suivante du 21 novembre 1632, au Père Jean l'Evangeliste.

§. XI.

« In riposta della lettera di sua degnissima
» Paternità e del Signor Console, etc.....
» Quanto alle differenzie tra Capucini e li

» Jesuiti di detta città di Smyrne, la medesima
» sacra congregatione serisse con le passate il
» suo senso, cioe, che sa chiesa de Capucini
» sia Parochia, etc. »

« En réponse à la lettre de votre très-digne
» paternité et de Mr le Consul, etc., au sujet
» des différens survenus entre les Capucins et
» les Jésuites de cettedite ville de Smyrne, la
» même sacrée congrégation a fait connaître,
» dans ses précédentes, son intention, qui est,
» que votre église des Capucins soit Paroisse,
» etc. »

Voilà donc l'église des Capucins reconnue Paroisse, et confiée aux soins des Capucins, qui sont, à cet effet, en correspondance et communion avec leur Archevêque.

§. XII et XIII.

Les Jésuites étaient déjà établis à Smyrne, à cette époque; mais ils y étaient comme simples missionnaires, sans aveu, sans caractère et sans autorité; puisque le 24 avril 1675, par acte passé pardevant Lange et Dhenaut, Notaires à Paris, le Père Chahu, Prêtre, religieux de la compagnie de Jésus, demeurant en la maison professe de St.-Louis, rue St.-Antoine, déclara au nom et comme procureur des missions du Levant de son ordre, que les Lettres-Patentes de Sa Majesté le Roi de France, du mois de mai 1674, qui déclarent les Jésuites de Smyrne, ses chapelains, ne peuvent et ne doivent aucunement nuire, ni préjudicier aux droits parochiaux des Capucins de la même ville, par la raison que ce titre de chapelains du Roi, n'a été donné aux Jésuites de Smyrne, sans autre but ni conséquence, que pour soustraire leurs personnes et leurs biens aux avanies et persécutions des Turcs, dont ils étaient traités sans ménagement, comme des gens qui s'étaient introduits dans leur pays, sans aveu ni protection.

On voit par ces Lettres-Patentes de 1674, et par la déclaration des Jésuites de 1675, que les Capucins avaient l'administration des Sacremens de paroisse. On y voit également combien le Roi de France leur était attaché, puisqu'en voulant protéger les Jésuites de Smyrne, et les défendre d'insultes, Sa Majesté leur donne d'une part un titre ostensible à cet effet, et qu'elle les soumet d'autre part à une déclaration publique et solennelle, de respecter les droits des Capucins, et de ne les troubler en aucune manière dans l'exercice de leurs fonctions paroissiales.

§. XIV.

Outre les Jésuites, on croit qu'il y avait à Smyrne un autre prêtre, que l'on désigne sous le nom de Roger de Zanthe; mais il y était sans caractère, ainsi que les Jésuites. Il ne prêchait, ni ne confessait, et il n'avait nul pouvoir; ce qui le réduisait à la simple qualité de prêtre. Il était, dit-on, logé chez le Consul de Venise, dont il était l'ami et l'aumônier particulier.

§. XV.

Dans le même-tems que Mr Dupuy sollicitait de Rome le titre de Paroisse pour sa Chapelle, il s'adressa de nouveau à Mr l'Ambassadeur de France, pour lui exposer l'embarras où se trouvaient les Français résidant à Smyrne, qui n'avaient ni chapelle, ni chapelains; et pour l'engager, par ce motif, de prier Sa Majesté Louis XIII d'acheter sa maison et sa chapelle, afin de les mettre à la disposition des Capucins, à l'effet d'en faire leur couvent et la chapelle consulaire.

§. XVI et XVII.

Mr l'Ambassadeur saisissant avec plaisir cette occasion d'établir publiquement le culte catholique dans la ville de Smyrne, et d'en confier aux Capucins français le service, dont ils se montraient si dignes, en écrivit à sa Cour. Sur l'exposé qu'il fit au Roi son maître des avanies turques auxquelles ses sujets à Smyrne étaient exposés chaque jour, pour la Messe et les autres exercices de religion, et d'après l'éloge qu'il fit des Capucins, dont la conduite était si édifiante dans le Levant, Sa Majesté, par Lettres-Patentes, du 12 mai 1631, chargea Mr de Gournai, Comte de Marcheville, son Ambassadeur près la Porte, de traiter et d'acheter en son nom, en qualité de fondé de pouvoirs, la propriété du sieur Dupuy, consistant en un grand corps de logis, chapelle, cour et jardin, pour être, le tout, donné, de la part de Sa Majesté, aux Pères Capucins français, en perpétuelle et irrévocable propriété et jouissance.

§. XVIII.

En vertu de ces Lettres-Patentes, signées de la main du Roi, Mr l'Ambassadeur acheta le domaine du sieur Jean Dupuy, au nom et pour compte de Sa Majesté, pour être donné, ainsi qu'il est dit et répété, aux Pères Capucins, soit en récompense de leur dévoûment au service de Dieu et des âmes, soit en indemnités des aumônes reçues et appliquées à la construction de la nouvelle église.

Ces Lettres-Patentes, du 12 mai 1631, sont infiniment honorables pour les Capucins, en ce qu'elles expriment la volonté bien manifestée du Roi Louis XIII, d'acheter, de ses propres deniers, la propriété du sieur Dupuy, expressément pour être donnée, à titre de fondation royale, aux Capucins français, aux fins d'y établir un couvent, et d'y loger à perpétuité.

§. XIX, XX, XXI et XXII.

L'acte de vente, entre Mr de Gournai, Comte de Marcheville, et le sieur Jean Dupuy, fut passé le 22 Décembre 1631, à Péra-lès-Constantinople, en chancellerie de France, pardevant Jacques-Auguste, Chancelier ordinaire de Sa Majesté et de son Ambassadeur près la Porte, au prix de 4000 piastres de réaux, payables à Paris sur lettres de change à vue, par le trésorier du Roi, alors Mr Dufai; et cette somme fut effectivement payée par acte du 13 Août 1636, reçu par Saulnier, notaire au Chatelet de Paris, moyennant dix mille livres tournois, auxquelles elle fut évaluée à cette époque, à MM. Daniel et Dagnan de Marseille, gendres, et fondés de pouvoirs du sieur François Dupuy, frère et co-propriétaire de Jean Dupuy, vendeur, avec quittance du prix, et avec ratification du premier acte de vente dans tout son contenu.

§. XXIII.

Enfin, par acte du même jour, 13 Août 1636, reçu par le même notaire Saulnier, le Père Joseph de Paris, Capucin, prédicateur et Supérieur des Missions de son Ordre, accepta solennellement la donation faite par sa Majesté le Roi Louis XIII, et consomma par là l'acte de munificence Royale en faveur des Pères Capucins; ce qui les mit en pleine et libre jouissance de leur nouvelle propriété, sans crainte de trouble ni d'éviction en aucun tems, ni pour quelque cause que ce pût être à l'avenir, ainsi stipulé dans l'acte.

§. XXIV.

Les Capucins jouissaient ainsi paisiblement de leurs droits de propriété, et de l'exercice de leurs fonctions paroissiales, lorsqu'il s'éleva un conflit d'autorité et de juridiction entr'eux et le Vicaire de l'Archevêque de Smyrne. Celui-ci avait porté et publié des censures contre les Capucins, qu'il traitait d'usurpateurs des droits de paroisse. Mais ce différent fut terminé à leur avantage, par un décret du 20 Août 1640, rendu sur le rapport de son Eminence le Cardinal Spada, dans lequel la sacrée congrégation, après mûr examen des raisons suffisamment entendues de part et d'autre, confirme les Capucins dans la possession et l'exercice de leurs droits parochiaux, et enjoint à l'Archevêque de Smyrne de lever les censures prononcées contr'eux par son Vicaire.

§. XXV.

Je cite ce décret en original :

« Referente Eminentissimo et R^mo D^o D^o
» Cardinali Spada causam vertentem inter
» Archiepiscopum Smyrnensem ejusque Vica-
» rium generalem ex unâ, et Capucinos Mis-
» sionarios ejusdem urbis ex alterâ, partibus,
» et rationes hinc indè deductas super jure
» parochiali, quod prætendunt Capucini ha-
» bere ratione ecclesiæ aut capellæ D. Dupuy,
» Consulis galli in eâdem urbe, et super cen-
» suris à præfato Vicario contrà prædictos
» Capucinos, per viam declarationis promul-
» gatis, tanquam usurpatores jurium parochia-

» lium eis eorumque ecclesiæ aut capellæ non
» competentium, Sacra Congregatio, visis
» decretis aliàs factis circà dictam ecclesiam
» aut capellam, etc..... post maturam delibe-
» rationem, in primis censuit ecclesiam seu
» capellam prædictam esse parochialem et
» proindè etc. deindè, censuit scribendum esse
» Archiepiscopo Smyrnensi, ut censuras præ-
» dictas contrà dictos Capucinos promulgatas
» tollat, et ad evitanda dissidia et scandala,
» iterum ei esse præcipiendum, ut vicariatûs
» officium, vel uni ex Capucinis Missionum
» orientis, aut præsbitero sæculari, præviâ
» cujusvis alterius Vicarii generalis revoca-
» tione, conferat. »

Subsçr. — Card. Antonius.

« L'Eminentissime et Reverendissime Mgr.
» le Cardinal Spada, ayant rapporté le diffé-
» rent qui s'est élevé entre l'Archevêque de
» Smyrne et son Vicaire-général d'une part,
» et les Capucins de la Mission de cette même
» ville de l'autre, après avoir exposé les rai-
» sons données des deux côtés, au sujet des
» droits de paroisse que les Capucins préten-
» dent avoir dans l'Eglise ou chapelle de M.

» Dupuy, Consul de France dans cette même
» ville, et touchant les censures portées, par
» voie de déclaration, de la part dudit Vicaire,
» contre lesdits Capucins, comme usurpateurs
» des droits parochiaux, qui n'appartiennent
» ni à eux, ni à leur Eglise ou chapelle, la
» Sacrée Congrégation, vu les décrets déjà
» faits à l'égard de ladite Eglise ou chapelle,
» après mûre délibération, a déclaré d'abord
» que ladite Eglise ou chapelle est *Paroisse*,
» et que par conséquent, etc. Puis, elle a
» arrêté d'écrire à l'Archevêque de Smyrne de
» lever les censures portées contre les Capu-
» cins ; et afin d'éviter la dispute et le scandale,
» elle a encore ordonné audit Archevêque de
» révoquer son Vicaire-général quel qu'il soit,
» et de le remplacer par un des Capucins,
» Missionnaires du Levant, ou par un prêtre
» séculier. »

S'il fallait de nouvelles preuves de l'ancienneté et de l'exercice des droits de paroisse des Capucins de Smyrne, ainsi que de l'authenticité de leurs titres, j'aurais à citer une infinité de decrets, qui tous viendraient à l'appui du décret fondamental, du 23 décembre 1630, lequel déclare *Paroisse* l'Eglise des

Capucins. Mais qu'est-il besoin de tant multiplier le témoignage des oracles ! N'est-ce pas, en quelque sorte, leur manquer de respect ? Et un seul décret de la Sacrée Congrégation ne suffit-il pas pour commander une respectueuse soumission à l'autorité suprême dont il émane ?

§. XXVI.

Néanmoins, en surabondance de preuves, je vais rapporter encore le décret du 3 juillet 1663, par lequel la Sacrée Congrégation reconnaît, approuve et confirme, de la manière la plus incontestable, le titre et les droits de Paroisse qu'elle a accordés antérieurement à l'Eglise des Capucins de Smyrne, par divers décrets dont elle fait mention, et que j'ai rapportés plus haut. Voici le texte de ce décret confirmatif :

§. XXVII.

« Cùm Sacra Congregatio de Propagandâ
» fide, die 23 decembris 1630, justis de
» causis mota, Ecclesiam quam hodiè Patres
» Capucini tenent, habent, possident, admi-
» nistrant, cui hodiè Smyrnis Patres Capucini

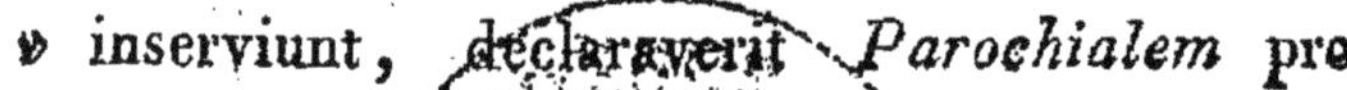

» inserviunt, declaraverit *Parochialem* pro

» Natione Gallicâ, eique adhærentibus; ac » deindè, die 20 augusti 1640, adhærendo » eidem decreto, declaraverit posse Capucinos » ejusdem Ecclesiæ curam et usum habere, » et Sacramenta Parochialia Gallis eorumque » adhærentibus, Smyrnis commorantibus, aut » illùc appellentibus administrare, Sacra Con- » gregatio, etc. »

« Comme la Sacrée Congrégation de la » Propagande a déclaré pour bonnes et légiti- » mes raisons, le 23 décembre 1636, que » l'Eglise tenue, possédée, administrée par » les Capucins à Smyrne, est la Paroisse de » la Nation Française et de ses adhérens; et » comme ensuite, le 20 août 1640, en con- » firmation de ce décret, la Sacrée Congréga- » tion a déclaré que les Capucins ont le soin » et l'usage de cette Eglise, et qu'ils peuvent » administrer les Sacremens Parochiaux aux » Français et à leurs adhérens, résidans à » Smyrne, ou y abordant, la Sacrée Congré- » gation, etc. »

§. XXVIII.

Telles sont les bases inébranlables sur lesquelles reposent les droits de la Paroisse Française des RR. PP. Capucins de Smyrne. Que pourrait-on ajouter, que peut-on opposer à la force et à l'authenticité de ces titres et de ces preuves ? Tout ce qu'on avancera, tout ce qu'on supposera pour les dénaturer et les affaiblir, portera le sceau de la hardiesse et du mensonge !

§. XXIX et XXX.

En abordant franchement la question de *l'ancienneté* ainsi que je viens de le faire par la précision et l'enchaînement des dates, et en la discutant contradictoirement, il serait aisé de démontrer que le siége épiscopal rendu dernièrement à Smyrne, appartenait de droit à la Paroisse française. Comment donc a-t-elle pu être privée du titre honorable de Cathédrale ? Pourquoi ne voit-on pas siéger pontificalement sous ses antiques voûtes sacrées, le dernier successeur de St.-Policarpe son patron ?..... Par l'effet, sans doute, du même système de ruse et de cupidité, qui enlève tous les jours à cette ancienne et bonne mère, quelques-uns de ces enfans chéris, et qui finira par la dévorer elle-même, si un juste partage de paroisses, ou, tout au moins, la rigoureuse exécution du dernier concordat de 1763, ne vient bientôt à son secours, pour la consoler de ses pertes, lui assurer la jouissance de ses droits et faire cesser sa douleur et ses gémissemens !

§. XXXI.

Ce concordat, qui avait fixé l'arrondissement des deux Paroisses de Smyrne par la division des rues, n'offre plus aucune garantie. La foi de ce traité solennel est un mot vide de sens, sous les yeux mêmes du nouvel Archevêque ! En effet, depuis qu'il a été promu à la dignité de Prince de l'Eglise, loin de dépouiller le froc de Soccolant, et de s'élever à la hauteur de son auguste caractère, en protégeant également les deux Paroisses ; on le voit, avec douleur, à la tête de son ancien parti de moines, comme sur un champ de bataille, aiguiser les armes de l'interdit et de la suspense. Parlons sans figures :

§. XXXII.

Qu'aurait à répondre Monseigneur Cardelli à l'indignation publique qui lui demanderait raison de la tyrannie qu'il exerce sur don Grégoire ? Ce jeune prêtre, organiste zélé des Capucins, aussi intéressant par son instruction que par sa piété, se trouve malheureusement condamné au silence, et forcé d'étouffer son talent pour la chaire, parce que voulant consacrer les prémices de son éloquence à l'Eglise de St.-Policarpe, il n'a pu obtenir de l'inflexible prélat la faculté d'y prêcher, durant le carême de 1820, au risque d'y voir manquer la parole divine ? Dans d'autres occasions, et notamment dans les plus grandes fêtes de l'Eglise, combien de fois Monseigneur, sous prétexte de grossir son cortége, déjà plus que suffisant pour officier pontificalement à sa cathédrale, n'a-t-il pas voulu arracher de ses fonctions d'organiste, ce prêtre attaché par état au service de la Paroisse française ; et cela sans égard, ni à la sainteté du lieu, ni à la solennité de la fête, ni à la dignité du Consul de France et de toute sa nation, tant civile que militaire, réunie en corps et en grande tenue, les jours de GATTINE, pour relever la pompe des cérémonies religieuses et la majesté du culte romain ?

Comment s'excusera Monseigneur Cardelli au tribunal de sa conscience, des avanies et des amertumes dont il a voulu abreuver le père Jean-Baptiste de Savone, vrai modèle des bons Missionnaires du Levant ? Ce bon Père, ex-Supérieur de la mission française de Scio, venait de remplir avec honneur sa carrière apostolique, lorsque, passant par Smyrne, pour rentrer dans sa province avec les certificats les plus honorables, il fut frappé d'un interdit, comme d'un coup de foudre; par Mgr. Cardelli, sous prétexte qu'il avait négligé d'aller le saluer dans son passage !

Quelle couleur de charité Mgr. Cardelli donnera-t-il à l'acharnement avec lequel il poursuit le patient et résigné Don Jean, Sacristain de l'Eglise de St.-Policarpe, et aumônier de l'Hôpital français des pestiférés, qu'il tient interdit de confesse, depuis deux ans, au grand étonnement et à l'insigne préjudice de toute la nation française de Smyrne, qui, en tems de peste, c'est-à-dire, six mois de chaque année, doit uniquement son salut, et met tout son espoir aux soins généreux de cet intrépide Ministre ? Le dirai-je et le croira-t-on, de ce prêtre courageux et dévoué, qui compte vingt-cinq ans d'un service aussi pénible que dangereux dans l'Hôpital français, dont il est la providence, Mgr. Cardelli avait osé solliciter auprès de son complaisant (1) M[r] . Méchain, le renvoi de cet homme de Dieu !

(1) Je dis *complaisant*, puisque ce ne fut qu'à la demande de M. Méchain, gérant alors le Consulat général de France à Smyrne, que la Cour de Rome rétablit l'Archevêché dans cette ville, ainsi qu'il conste par le bref d'érection : et que ce fut à son extrême complaisance que le Révérendissime Père Louis Cardelli, Soccolant, dut son titre d'Archevêque: ce qui préparait au Consul français un affront, dont il ne se doutait surement pas ; car le jour de l'entrée pontificale du nouvel Archevêque dans Smyrne, M. Méchain fut obligé de se renfermer dans le Palais de France, et d'observer, avec dépit, du haut de sa terrasse, les honneurs de réception que le Consul d'Autriche faisait au Prélat, qui fut reçu solennellement dans l'église autrichienne, toute étonnée de se voir tout d'un coup Cathédrale, pour y entonner en actions de grâces, le *Te Deum*, et le *Domine salvum fac imperatorem franciscum*.

Ne voilà-t-il pas dans ce mélange bizarre et confus de circonstances une violation des droits sacrés de la Couronne des Lys, de laquelle on détachait ainsi le plus beau de ses fleurons, le droit de protéger un Culte qu'elle honore déjà de sa munificence ? Quel Français, ami de sa Religion, de sa Patrie et de son Roi, peut étouffer ici le cri de détresse de mon épigraphe : *Abusus semper clamat* ?

Avec quel oubli de la bienfaisance de Sa Majesté très-Chrétienne, qui regarde comme le plus beau fleuron de sa couronne; la protection spéciale et la dotation gratuite qu'elle accorde au culte catholique en Levant, à titre de fils aîné de l'Eglise, Mgr. Cardelli n'a-t-il pas provoqué plus d'une fois la juste sévérité des remontrances de M. l'Ambassadeur de France près la Sublime Porte, par le ridicule et l'odieux des nouveautés qu'il voulait introduire dans la Paroisse française des RR. PP. Capucins de Smyrne, entr'autres, par la suppression injurieuse de l'honorable privilége dont ils jouissent de chanter pontificalement l'*Adjutorium nostrum* et le *Sit nomen Domini* à la bénédiction du Très-Saint Sacrement!

§. XXXIII.

Combien de contrariétés, de dégoûts personnellement essayés contre..... ? Je me tais. Le grand St. Policarpe, toujours jaloux de l'honneur de son Trône, n'abandonnera pas son Eglise. Déjà le nouveau Consul français, M. David, lui a donné des preuves rassurantes de sa bienveillance! Sa main assurée va raffermir les colonnes ébranlées de ce Temple auguste ! Eh ! que n'a-t-on pas à attendre en effet, de ses talens, de sa droiture et de sa fermeté, puisque, dès son arrivée, sa présence a suffi pour faire éclore l'heureuse idée de ce beau MONUMENT, élevé et placé, comme par inspiration, à la porte majeure de l'ancienne Paroisse française de Smyrne, pour en être le VENGEUR et la SENTINELLE, toujours prête à crier : *ABUSUS SEMPER CLAMAT.*

§. XXXIV.

Ajoutez, au scandale de ces manœuvres dégoûtantes, une fatalité locale, qui fait que des quartiers éloignés, déserts, négligés lors du concordat, et cédés tout entiers, par leur nullité, aux Soccolans, se peuplent journellement des catholiques, émigrés des vieilles habitations devenues la proie des flammes, et s'embellissent des plus belles maisons, aux dépens des pauvres Capucins, qui voient ainsi leur Paroisse et leur existence également menacées !

§. XXXV.

Il importe donc, à l'autorité légitime, de

ramener l'équilibre qu'elle avait sagement établi par la loi du concordat. C'est à sa justice d'en assurer l'entière et pleine exécution, de la manière la plus convenable à sa dignité, et un peu rapprochée des intérêts de cette belle Mission française, qui s'est soutenue dans les tems les plus critiques, par la seule considération des vertus dont elle a constamment donné l'exemple, et qui continue, par son zèle et par sa charité, sous un chef digne de son amour et de son respect, le R. P. Policarpe de Smyrne, de se rendre également intéressante aux yeux de la Religion et de l'humanité.

§. XXXVI.

C'est à vous que j'en appelle, intrépide et vertueux Abbé Desmazure, vous, dont la voix éloquente et persuasive a fait retentir des grandes vérités de notre sainte Religion, les voûtes sacrées de l'Eglise de Saint-Policarpe! Dites-nous, je vous prie, quel accueil hospitalier et consolant vous avez reçu des bons Pères Capucins, lors de votre passage à Smyrne! Quelle franchise, quelle union, quelle paix, quelle édification n'avez-vous pas trouvé chez eux! Quel zèle, quelle piété dans l'exercice de leur saint ministère ! Quelle noblesse, quelle décence, quelle majesté dans toutes leurs fonctions ! De quelle considération ne jouissaient-ils pas ! Aussi quelle affluence, quel concours à leurs Offices Divins ! Ah ! si je ne craignais de blesser votre modestie, digne Apôtre du midi de la France, courageux Confesseur de la foi, je vous prierais de nous dire avec quel empressement un peuple innombrable de toutes les Nations accourait à vos prédications, et s'y embrasait du feu sacré de l'amour divin qu'elles respiraient, et de l'ardente charité dont aucun orateur chrétien ne lui avait donné d'aussi sublimes leçons avant vous ! Quelles preuves d'affection et de confiance ne vous a pas données le bien estimable clergé de cette ville asiatique, en reconnaissant et en confessant que vos talens apostoliques répondraient à la haute idée que la renommée lui en avait déjà apportée ! et quels regrets n'a pas dû éprouver le chef de ce respectable clergé, Mgr. Cardelli, d'avoir été le seul à ne pas vous entendre, et de s'être absenté de Smyrne, les deux jours précisément que vous aviez choisis et annoncés pour prêcher les oracles de l'Eternel dans la basilique de Saint-Policarpe.

Généreux défenseur de la belle cause des Pères Latins de la Terre Sainte, fidèle dépositaire de l'entière confiance que vous avez su leur inspirer en partageant leur souffrance et leur fermeté dans la garde du tombeau de Jésus-Christ, lorsque vous serez respectueusement incliné aux pieds du trône de Sa Majesté très-chrétienne, pour y exposer humblement l'état affligeant des persécutions et des peines qu'ils endurent, souvenez-vous des bons Pères Capucins de Smyrne, pour y déposer également l'expression respectueuse et sincère de leur dévoûment à la dynastie légitime des Bourbons, et pour y rendre un éclatant témoignage de la ferveur avec laquelle vous avez vu ces dignes religieux élever chaque jour les mains au Ciel, pour lui demander la conservation des jours précieux de leur protecteur-né, notre incomparable Monarque, et la prospérité de son auguste famille.

RÉPONSE

A UN ÉCRIT

INTITULÉ :

Précis historique de l'établissement des Capucins français à Smyrne, en 1628.

MARSEILLE,

Imprimerie d'ACHARD, rue Grignan, n° 26.

1821.

AVIS AU LECTEUR.

Le père Martin, Franciscain Recollet, a eu l'honneur de connaître particulièrement à Rome le père Louis-Marie Cardelli. Il a vécu avec lui, plusieurs années, dans le couvent de St.-François, à Ripa, et en a toujours conservé la plus haute opinion....... Il a cru devoir prendre la défense de son honorable confrère, aujourd'hui revêtu de la dignité épiscopale, et le justifier des passions basses, ainsi que des torts graves dont l'accuse d'une manière indigne un obscur libelliste.

RÉPONSE A UN ÉCRIT

AYANT POUR TITRE :

PRÉCIS HISTORIQUE DE L'ÉTABLISSEMENT DES CAPUCINS FRANÇAIS A SMYRNE, EN 1628, AVEC CETTE ÉPIGRAPHE : « *ABUSUS SEMPER CLAMAT.* »

PAR LE PÈRE MARTIN,

PROMOTEUR MÉTROPOLITAIN, CHANOINE HONORAIRE DE L'ÉGLISE D'AIX, ET ANCIEN PROFESSEUR DE THÉOLOGIE EN L'UNIVERSITÉ DE LA MÊME VILLE (1).

Si crimen est respondisse ;
Majus est provocasse. St.-Bernard.

L'ÉCRIT diffamatoire qu'on dénonce au public, est sans nom d'auteur, sans nom d'imprimeur ni de lieu. Voilà véritablement un anonyme bien obscur qui craint la lumière, et qui ne se cache dans l'ombre, que pour outrager plus facilement, et décrier un prélat vertueux. *Qui odit lucem, malè agit.*

Cet écrit est d'ailleurs d'autant plus ridicule et absurde, quant à la forme et à la disposition des matières, qu'on y compte dans 22 pages 36 paragraphes et qu'on y voit deux, trois, jusqu'à quatre paragraphes, tous réunis en un seul titre, et dans un même alinéa de quelques lignes.

On en a fait passer à Smyrne un grand nombre d'exemplaires ; plusieurs ont été répandus dans Marseille, mais avec une espèce de précaution mystérieuse qui semble décéler la calomnie. C'est par pur hasard qu'il m'en est tombé dernièrement un entre les mains. Je n'ai pu lire, sans indignation, certains paragraphes où l'on ne trouve qu'un esprit de malice, de vengeance, qu'accompagnent mille irréverences.

Au lieu de reproches, l'anonyme ne mériterait que des louanges, s'il s'était borné à faire l'éloge très-mérité des missionnaires capucins français en Levant, et de tout le bien qu'ils y ont fait par leur zèle pour la plus grande gloire de Dieu, par leur entier dévouement au service de l'église et au salut des âmes. Hélas! sans une révolution impie qui a tout détruit, tout dévoré, on admirerait encore, dans le Levant, avec édification, ce même zèle, ce même dévouement dans les pères capucins français!

On ne saurait non plus lui savoir mauvais gré de défendre les droits de la paroisse française à Smyrne, desservie aujourd'hui par des pères capucins dont la plupart ne sont pas français. Ces droits sont solidement fondés sur les ordonnances de nos Rois, sur les bulles des souverains pontifes et sur les brefs et les décrets de la sacrée congrégation de la Propagande, qu'il rappelle à ses lecteurs avec un soin louable. Mais ces droits paraissent n'avoir été que le prétexte d'attaquer de la manière la plus indécente et la plus virulente, le nouvel archevêque de

Smyrne, et dès-lors son écrit prend tous les caractères d'un véritable libelle.

Il l'accuse d'abord de priver injustement l'église des capucins du titre honorable de cathédrale, et de ne pas siéger pontificalement sous ses voûtes sacrées. Des personnes très-dignes de foi assurent que Mgr. Cardelli y a officié fort souvent, et qu'il a offert d'exercer alternativement les fonctions épiscopales dans l'église de St.-Polycarpe et dans celle de Ste.-Marie; ce qui diminuerait ses torts, s'il en a toutefois.

L'anonyme prétend que le droit de cathédrale appartient à l'église des pères capucins, et qu'il lui serait facile de le démontrer; c'est ce qu'il n'a pas fait. Comment se peut-il cependant que parmi tant de bulles, tant de décisions citées en faveur de cette paroisse, il n'en produise aucune qui la déclare cathédrale, qui oblige les archevêques d'y établir leur siége et d'y officier pontificalement? On y voit, à la vérité, le titre, le droit, le privilége bien fondés de paroisse, qu'on ne saurait contester; mais on n'y trouve nulle part le titre, ni le droit d'église cathédrale.

Il rapporte, dans les paragraphes V, VI et VII, que, par un décret de la cour de Rome du 23 décembre 1630, la chapelle des pères capucins fut déclarée paroisse des Français, et que l'archevêque de Smyrne reçut l'ordre de Rome de la déclarer telle, tant par son autorité que par celle de la sacrée congrégation de la Propagande..... *Sacra congregatio censuit scribendum esse archiepiscopo Smyrnensi, ut tàm suâ, quàm sacræ congregationis autoritate, dictam ecclesiam capucinorum declaret parochialem*, etc. On peut inférer de là; que l'archevêque de Smyrne exerçait une légitime autorité et une véritable juridiction sur cette église; mais on ne voit pas qu'il y eût fixé son siége, ni qu'elle fût cathédrale.

Dans les paragraphes VIII, IX, X et XI, il est parlé d'un père Jean-évangéliste capucin, venu de Constantinople à Smyrne, premier curé de la nouvelle paroisse. Il y est dit que ce père Jean-évangéliste, obtint, en 1630, un décret en vertu duquel le même archevêque eut ordre de faire défense aux pères jésuites, qu'il avait nommés ses vicaires à Smyrne, de visiter les capucins, même pour ce qui concerne les fonctions de paroisse. Tout cela prouve que l'église des capucins n'a jamais été cathédrale, ni le siége archiépiscopal, mais seulement une simple paroisse. Cela prouve aussi que les pères jésuites, envoyés par le Saint-Siége à Smyrne, en qualité de missionnaires, que les jésuites, vicaires de l'archevêque et revêtus de tous ses pouvoirs, n'étaient pas des hommes sans aveu, sans caractère, sans autorité, ainsi que le dit l'anonyme, qui paraît ne pas trop comprendre la force des termes, comme on le jugera encore mieux quand il versera toute sa bile contre Mgr. Cardelli.

Les pères capucins furent de nouveau, en 1640, troublés dans leurs droits et dans l'exercice de leurs fonctions paroissiales, par le vicaire général de l'archevêque, qui avait même publié des censures contre eux. Par un décret du 20 août de la même année, la sacrée congrégation de la Propagande confirme les pères capucins dans la possession et l'exercice de leurs droits parochiaux, et enjoint à l'archevêque de lever les censures portées contre eux, lui ordonne de révoquer son vicaire général et de le remplacer par un missionnaire capucin ou par un prêtre séculier. Tout cela prouve, encore une fois, la légitimité des droits de la paroisse française à Smyrne, mais nullement que cette paroisse soit ou doive être cathédrale : et certes le vicaire général de Smyrne n'aurait jamais troublé les pères capucins dans l'exercice de leurs fonctions de curé, et lancé contre eux des censures, s'il avait regardé leur église comme cathédrale, et comme le siége de l'archevêque dont il exerçait les pouvoirs.

C'est ici, sans doute, un point de droit qui paraît encore indécis, de sorte que l'anonyme semble n'avoir pas raison, en accusant Mgr. Cardelli d'injustice, et en criant à l'abus dans son épigraphe:

Abusus semper clamat. Au surplus, nous n'aurions garde de vouloir détruire ni affaiblir ce droit, s'il existe réellement. Nous désirons, comme Français, autant que peut le désirer l'anonyme, que l'église des pères capucins de Smyrne jouisse du titre de cathédrale. Mgr. Cardelli serait blâmable de lui ravir injustement cet honneur, s'il lui est dû positivement ; ce qui n'est pas à supposer.

Mais, pourquoi le nouvel archevêque de Smyrne ne quitte-t-il pas le couvent de Sainte-Marie pour venir dans celui des capucins ? Quels sont les motifs qui l'empêchent d'établir son siége dans leur église et d'en faire sa cathédrale ?

Le charitable anonyme va nous

l'apprendre aux paragraphes XXIX, XXX et XXXI de son libelle. *C'est*, dit-il, *parce que le nouvel archevêque suit un système de ruse et de cupidité* (2) : *c'est parce qu'il viole la foi du dernier concordat de* 1763, *traité solennel qui à ses yeux est un mot vide de sens ; c'est parce qu'il refuse toute protection à la paroisse des pères capucins ; c'est parce qu'abusant de son autorité, on le voit à la tête de son ancien parti de moines comme sur un champ de bataille, aiguiser les armes de l'interdit et de la suspense ; c'est*, etc. En vérité, on est scandalisé d'un tel langage envers un évêque dont on doit toujours respecter le saint et sublime caractère, fût-il même coupable des passions et des abus dont l'anonyme accuse Mgr. Cardelli.

Après avoir montré Mgr. Cardelli comme un homme rusé, cupide, manquant de bonne foi, abusant de son autorité par des interdits et des suspenses, l'anonyme n'a pas honte (paragraphe XXXII) de l'interpeller *de ce qu'il aurait à répondre à l'indignation publique qui lui demanderait raison de la tyrannie qu'il exerce avec acharnement sur deux ou trois prêtres de Saint-Polycarpe, qu'il a interdits;* (3) *qui lui demanderait raison du scandale* (pag. XXXIV) *de ses manœuvres dégoûtantes, de ses avanies*, etc. O religion sainte ! ne gemissez-vous pas en entendant proférer de pareilles injures contre un de vos vénérables pontifes ?

Ces interdits fussent-ils vrais, appartient-il à un particulier, quel qu'il soit, d'en demander la raison à un évêque, et de critiquer sa conduite ? Un premier pasteur est-il obligé de faire connaître les motifs graves, mais occultes, qui peuvent le diriger dans un interdit ? N'est-il pas libre d'accorder ou de refuser ses pouvoirs selon qu'il le trouve convenable ? Eh quoi ! sera-t-il permis de diffamer, de vouer à l'indignation publique, comme un tyran, comme un scandaleux, un évêque qui, dans sa conscience, jugeant un prêtre indigne du ministère de la confession ou de la prédication, lui retirera ses pouvoirs ?

Quels sont donc les principes, quelle est la morale de l'anonyme? Où sont donc ses égards, où est son respect pour l'épiscopat ?

Afin de détruire autant qu'il est possible les mauvaises impressions que peuvent avoir faites les fausses inculpations, et les injustes diatribes de l'anonyme, il est à-propos de faire connaître l'archevêque actuel de Smyrne.

Mgr. Cardelli est issu d'une famille noble de Rome, et neveu du comte Cardelli que le révérend père Paul, minime, aumônier et confesseur des dames de la Visitation du second monastère de Marseille, a connu assez particulièrement dans cette capitale du monde chrétien. Il embrassa, dès sa jeunesse, l'ordre de Saint-François de l'étroite observance dans le couvent de Saint-Bonaventure, sur le mont Palatin, maison de retraite où est mort le célèbre missionnaire, père Léonard, béatifié par Pie VI..... C'était un soccolant, ou autrement recollet.

Le père Louis-Marie Cardelli quitta ce couvent après y avoir enseigné la théologie, pour se retirer, par raison de santé, à celui de Saint-François, à Ripa, où il a passé plusieurs années, vivant dans la plus grande régularité, et dans la pratique de toutes les vertus religieuses. On remarquait, en lui, un air de modestie, de bonté, de douceur; mais surtout un grand amour de son état. On avait conçu une si haute estime de son mérite, que, dans un chapitre de son ordre, on jeta les yeux sur lui pour le faire ministre provincial, quoiqu'il n'eût pas encore atteint l'âge de trente ans; mais sa trop grande jeunesse, empêcha sans doute qu'il ne fût élevé à ce poste honorable. Après l'invasion de Rome par les Français, sous Bonaparte, et la destruction des corps religieux, il passa à Constantinople en qualité de missionnaire..... Sous peu d'années, la sacrée congrégation de la Propagande, ayant connaissance de son zèle pour la religion catholique et de tout le bien qu'il faisait dans cette capitale de l'empire Ottoman, le nomma préfet apostolique. Son aménité, sa douceur, son désintéressement, ses vertus, ses prédications, etc., lui attirèrent l'estime et la confiance de tous les Catholiques....... Appelé ensuite à Smyrne, par la même congrégation, pour y remplir le poste de vicaire apostolique, il s'est montré tel dans cette dernière ville qu'à Constantinople; c'est-à-dire la bonne odeur de J. C. par l'exemple de toutes les vertus.

Pie VII, instruit du mérite particulier et de la bonne conduite de ce saint missionnaire, a rétabli, depuis deux ou trois ans, l'archevêché de Smyrne, et élevé le père Cardelli sur ce vénérable siége qui tient aux tems apostoliques.

Voilà, en peu de mots, l'homme que le souverain pontife vient de promouvoir à l'épiscopat ; voilà l'homme qu'on sait, par des relations non mensongères, jouir, à Smyrne, de l'estime, du respect et de la vénération de tous les gens de bien, et pourtant, voilà l'homme qu'on ose nous peindre, avec de si noires couleurs. *Quantùm mutatus ab illo!*

L'anonyme est si acharné contre Mgr. Cardelli, qu'il s'en prend jusqu'à son habit. Il trouve choquant, *indécent qu'il ne se soit pas mis à la hauteur de son auguste caractère, en se dépouillant du froc de* (4) *soccolant depuis qu'il a été promu à la dignité de prince de l'église.* Comme si le froc monastique déshonorait la dignité épiscopale !

Il est bon d'apprendre à l'anonyme qu'en Italie, en Espagne, comme dans bien d'autres pays catholiques (ce n'était pas en usage en France), les évêques tirés du cloître, conservent la forme de l'habit de leur ordre respectif. Le pape Pie VII, actuellement régnant, portait, étant archevêque d'Imola et cardinal, la forme de l'habit des bénédictins. Tous les papes réguliers ses prédécesseurs ont constamment suivi cet usage jusqu'au moment de leur exaltation au souverain pontificat.

Ximenès qui a délivré les Espagnes du joug des Maures, qu'il relégua en Afrique; Ximenès, fondateur de l'université d'Alcala; Ximenès, qui le premier a fait imprimer la bible en quatre langues, Polyglotte qui a servi de modèle à celles de Le Jay, de Walton, etc.; Ximenès, dont on dit : *qu'il gouvernait l'Espagne en remuant son cordon, et qu'il écrasait la fierté des grands sous ses sandales.* Ximenès, disons-nous, avait conservé étant cardinal, l'habit de son ordre, et cet habit était celui d'un soccolant, ou d'un observantin. Eh bien! M. l'anonyme cela vous choque-t-il? Ne vous en déplaise cela n'est pas moins vrai, et si vous en doutez, lisez l'histoire de ce célèbre cardinal, par Fléchier, ou par Marsollier.

Le dernier archevêque de Valence en Espagne, a été général de l'ordre des soccolans, et en a conservé les sceaux et l'habit jusqu'à sa mort arrivée sous Pie VII.

Les religieux élevés au cardinalat, ou à l'épiscopat, n'ont jamais cru déshonorer la pourpre romaine, ni la dignité épiscopale en continuant de porter la forme de l'habit monastique sur lequel l'anonyme affecte de verser du mépris par le mot *froc*. Il se serait plus décemment exprimé par celui d'*habit religieux*, en parlant d'un régulier devenu évêque. Cet habit a été et sera toujours respectable. Une infinité de saints, un grand nombre de personnages illustres par leur naissance, célèbres par leurs utiles ouvrages, l'ont porté, sanctifié et honoré.

Et dans quel pays, a-t-il le courage de ridiculiser, de mépriser l'habit monastique? d'imprimer et de répandre de pareilles indécences qui ne peuvent qu'affliger les gens de bien? En France, où tous les bons catholiques gémissent, depuis plus de trente ans, de n'y voir plus l'habit religieux, principalement celui des pères capucins, habit de confiance qui attirait les pêcheurs, habit qui rappelait aux chrétiens la vie évangélique, habit d'humilité, de pauvreté, de pénitence, qui était pour les peuples un objet de vénération et souvent un sujet de conversion.

Il paraît que l'anonyme est peu instruit de l'origine et de la fondation des ordres religieux. On l'invite à lire l'histoire des ordres monastiques et religieux, par le père Helyot picpus, ou religieux du tiers ordre de St.-François, et en particulier le 7e tome concernant les franciscains. Il y verra au chapitre XXIV, intitulé : *des frères mineurs capucins*, p. 164, ainsi que dans l'histoire ecclésiastique de Fleury, liv. 130, paragraphe 95, que les frères Mathieu de Bassi et Louis de Fossombrune, soccolans, sortirent de l'Observance pour fonder l'ordre des capucins, en 1526, sous le pape Clément VII. Il y verra que les pères capucins n'ont été reçus en France que sous Charles IX, en 1573. Il y verra que l'établissement des capucins en Levant, ne remonte guères au-delà du règne de Louis XIII, sous lequel ils furent établis à Smyrne en 1628. D'après l'exactitude de ces dates, avec quel ton de docteur assure-t-il au 1er paragraphe de l'écrit qu'on dénonce, *que l'établissement des capucins français en Levant se perd dans l'obscurité ou la nuit des tems?* Ne dirait-on pas que l'ordre des capucins s'élève à la plus haute antiquité, et le dispute aux ordres les plus anciens? On vient de voir que leur ordre date de l'année 1526, leur introduction en France de 1573 et leur établissement en Levant du commencement du 17e siècle. Or, cet origine ne se perd certainement pas dans la nuit des tems. On désirerait, sans doute, que les pères capucins eussent pris naissance dès les premiers siècles du christianisme.

Ils n'auraient rendu que de plus longs services à l'église, en travaillant avec zèle, comme ils l'ont toujours fait, à la conversion des pêcheurs et au salut des âmes; mais qu'on vienne nous parler avec un air scientifique d'une *haute antiquité qui se perd dans l'obscurité*, et qui n'existe que dans la tête de l'anonyme ; c'est ignorance, c'est pédanterie.

L'anonyme termine son libelle par une interpellation à M. l'abbé Desmazure, qui a fait entendre, à Smyrne, sa voix apostolique.

M. l'abbé Desmazure ! cet apôtre, non-seulement du midi, mais encore du nord de la France, où ses vertus et ses talens sont encore mieux connus qu'à Smyrne.

M. l'abbé Desmazure! ce nouveau Pierre l'ermite, son compatriote, qui sollicite partout où il prêche les aumônes des fidèles pour venir au secours des lieux saints, et les garantir des vexations des grecs schismatiques.

M. l'abbé Desmazure! cet autre Paul, uniquement occupé à faire passer d'abondantes collectes à Jérusalem pour soulager les gardiens du tombeau de J. C., tous soccolans, dont le supérieur, parmi beaucoup de privilèges quasi épiscopaux, a celui surtout d'officier avec la crosse et la mitre, sans se dépouiller de son habit de soccolant.

M. l'abbé Desmazure, à qui l'anonyme recommande si vivement lorsqu'il sera respectueusement incliné au pied du trône de S. M. T. C., de plaider la belle cause des pères latins de la terre sainte, de se souvenir des bons pères capucins de Smyrne, d'être l'interprète de leur sincère dévouement à la légitime dynastie des Bourbons.

Oui, M. l'abbé Desmazure, ce saint homme de Dieu dont nous nous flattons de posséder la confiance et l'estime; oui, M. l'abbé Desmazure se souviendra des bons péres capucins; mais ce vertueux prêtre plein de charité et de justice, voudra bien (nous l'en prions, nous l'en conjurons), voudra bien aussi ne pas oublier d'être l'organe de l'inviolable attachement au trône de St.-Louis, de Mgr. Cardelli, des soccolans, de tout le clergé de Smyrne, cette ville asiatique, fameuse par son commerce, célèbre dans les fastes de l'église, qui a eu pour premier évêque St.-Polycarpe, disciple de St.-Jean l'évangéliste, et qui a donné aux Gaules le grand St.-Irenée.

CONCLUSION.

L'anonyme est louable de prendre les intérêts des droits de la paroisse française de Smyrne, mais il ne prouve pas, comme on le désirerait, que cette paroisse doive jouir du titre de cathédrale : c'est ce qu'il aurait dû cependant prouver, d'autant mieux qu'il assure que cela *lui serait facile à démontrer*... L'anonyme manque essentiellement à l'épiscopat, en diffamant un évêque à cause d'interdit. Un évêque est toujours libre d'accorder ou de refuser ses pouvoirs à qui il veut et quand il veut, sans être obligé d'en rendre raison... Ou, les griefs dont on accuse Mgr. l'archevêque de Smyrne sont vrais ou ils sont faux. S'ils sont vrais, l'anonyme aurait dû les taire par prudence, par charité; s'ils sont faux, il est bien coupable aux yeux de Dieu et des hommes, puisqu'alors l'accusation de ces griefs prend le caractère d'une insigne calomnie. Dans ce cas, on lui rappellerait ce principe vrai et reçu partout, *c'est se diffamer soi-*

même, que d'écrire pour diffamer les autres.

Si l'anonyme trouve mauvais qu'on ait répondu à son libelle, on le priera de relire les paroles de l'épigraphe : *Si crimen est respondisse; majus est provocasse.*

NOTES.

(1) Ce n'est qu'avec peine que le père Martin a mis ses qualités, dont il se croit fort honoré. Il n'a eu en cela que le motif de donner quelque poids à sa réponse dont il doit envoyer plusieurs exemplaires à Smyrne et ailleurs.

(2) Plusieurs personnes respectables de Marseille qui ont connu à Smyrne Mgr. Cardelli, le jugent incapable d'agir par un motif de cupidité, et d'un lucre que St.-Paul appelle *turpis lucri gratiâ.* Elles regardent cette inculpation comme une pure calomnie.

Les mêmes personnes ont de lui l'opinion d'un prélat plein de piété, de science, de modération, *etc.*

(3) On sait que dom Joanni, sacristain de St.-Polycarpe, dont parle l'anonyme, n'a été interdit que pour de justes et graves motifs...... La bonne conduite qu'il a menée ensuite, lui a mérité d'être approuvé de nouveau, et de rentrer dans les bonnes grâces de son évêque.

Quant à la suspense du père Jean-Baptiste de Savone, on peut assurer que Mgr. Cardelli n'a usé de cette rigueur, qu'à cause de son insubordination, portée jusqu'au point de ne vouloir pas non-seulement se présenter à lui pendant tout le tems qu'il a resté à Smyrne, mais encore de lui faire dire qu'il ne le connaissait pas.

(4) Le lecteur sera peut-être bien aise de trouver ici l'origine et la signification du mot *soccolant* dont l'anonyme parle avec un air de dérision.

Le bienheureux frère Paulet de Foligni, fils d'un noble suédois retiré en Italie, animé d'un esprit particulier de mortification et de pénitence, introduisit en 1368, parmi les observantins l'usage de porter des socques ou des sabots. Cet usage devint si commun qu'on appela les religieux de l'observance *soccolanti* qui veut dire *porte-socques*. On substitua, dans la suite, des sandales de cuir à celles de bois. En France les pères recollets portaient autrefois indistinctement des socques ou des sandales. Ils étaient les aumôniers des hôpitaux des armées de nos rois. Louis XIV les fit venir à Versailles où il n'y avait d'autre couvent que le leur. On connaissait à Toulouse des franciscains, appelés socquarts à cause de leur chaussure. Ils occupaient une chaire de théologie à l'université de cette ville savante. On a distingué, parmi eux, de célèbres professeurs, entr'autres le père de Carpua dont on parle encore aujourd'hui avec honneur.

Le bienheureux Paulet avait établi sa réforme à Brulliano, qu'on regarde comme le berceau de la régulière observance. Jules II, à son retour de Bologne à Rome, en 1511, voulut visiter ce lieu situé entre Foligni et Camerino. Il y vint avec sept cardinaux, mangea avec les religieux et accorda à leur église plusieurs priviléges et indulgences. Ces saints religieux portaient des socques, comme on l'a dit ci-dessus, ne possédaient rien en propre, et vivaient d'aumônes, pour mener une vie tout-à-fait évangélique. Ils exerçaient partout, avec l'approbation des évêques, le ministère de la prédication et de la confession, et n'avaient en vue que la gloire de Dieu et le salut des âmes.

Léon X sépara, en 1517, les franciscains conventuels des soccolans ou observantins. Il donna au supérieur de l'observance le titre de ministre général de tout l'ordre de St.-François.

Le général des soccolans réside ordinairement à Rome dans le couvent d'Araceli situé sur le Capitole. Il a la préséance sur tous les autres généraux, celui des dominicains excepté. Il a sous son régime tous les religieux franciscains de la régulière et de l'étroite observance, ou soit observantins, réformés, déchaussés, recollets. Un grand nombre de cardinaux, d'archevêques et d'évêques ont été tirés de cet ordre. Si l'on veut consulter le *cracas*, (almanach ecclésiastique où se trouvent les noms des évêques de toute la chrétienté) on y verra plusieurs soccolans actuellement évêques et archevêques en Italie, en Espagne, en Portugal, en Amérique et ailleurs.

Voilà le précis historique de l'ordre des soccolans ou observantins, et recollets, auxquels je me fais gloire d'appartenir, et dont j'ai eu le bonheur de porter pendant long-tems le saint habit : habit qui honorerait l'anonyme lui-même, si Dieu l'avait appelé à être soccolant ; habit, que par une conduite édifiante, il n'aurait pas manqué sans doute de faire respecter, si on l'avait trouvé digne d'en être revêtu.

Si l'on veut avoir une connaissance plus étendue de l'ordre de St.-François et de ses différentes réformes, on peut lire le septième tome de l'Histoire des ordres monastiques et religieux, qui traite en particulier des franciscains conventuels, soccolans, observantins, cordeliers, recollets, capucins, etc. En France les observantins entraient en Sorbonne, et y prenaient les grades de bacheliers, de docteurs. On les appelait cordeliers dans presque toutes les provinces, excepté en Provence où il y avait encore quelques couvens de conventuels à qui on donnait improprement le nom de cordeliers..... On trouvera à la bibliothèque publique de Marseille, cet ouvrage savant et intéressant, ouvrage précieux par les gravures qui représentent les costumes de tous les ordres monastiques et religieux de l'un et de l'autre sexe, ainsi que ceux des ordres de chevalerie.

Pendant l'impression de cette réponse, on nous a communiqué les attestations suivantes, que nous plaçons ici.

On voit dans ces attestations le nom du libelliste en toute lettre; mais on a jugé à propos de le supprimer par un esprit de charité.

ATTESTATIONE

De' principali soggetti del clero di Smirno.

Noi qui a piè sottoscritti, attestiamo e confessiamo a trionfo della verità, a confusione del autore dell' anonimo libello, stampato in Marsiglia nel 1820, *intitolato :* (Précis historique de l'établissement des capucins français à Smyrne.) *Ed a giusta giustificazione e gloria del nostro ill*^mo^ *e rem*^o^ *Monsig*^r^ *arciv*^o^ *Fr.-Luigi-Maria Cardelli, qualmente tutte l' accuse delle quali ingiustamente vien caricato il sullodato Monsig*^r^ *arciv*^o^ *nel suindicato libello sono esageratissime e false; si rapporto alla violazione del concordato fatto nel* 1763, *che fissa i limiti delle parrochie, il quale ha sempre il n*^ro^ *arciv*^o^ *scrupolosamente fatto osservare dalle due parochie, come anche per tuttociò che riguarda le sospensioni date alli sacerdoti individuati nel paragrafo* 32 *del suindicato libello, i quali a noi costa, che sono stati sospesi per motivi giustissimi; come anche attestiamo, che non mai il sullodato n*^ro^ *arciv*^o^ *abbia mai reclamato al superiore de PP.*

capuccini, per far togliere la benedizione che usano dare nella lor chiesa francese, coll' adjutorium nostrum *e col* sit nomen Domini benedictum. *In una parola, attestiamo che il sudetto libello altro merito qui non si è acquistato presso di tutte le persone probbe, che il disprezzo di cui solo n'è degno.*

In fide, etc. Smirne, 11 *genj°.* 1821.

Carlo Isaverdens, *sacerd^e^ propogandista ed arcidiacono;*

*F^re^* Benvenuto, *da Cervasca, guard°. de M. O. riformati;*

*F^re^* Policarpo, *da Smirne, superiore e paroco di S. Policarpo;*

Emmanuele Balladur, *sacerdote propagandista ed assessore;*

*F^re^* Francesco *da Leonessa paroco della metropolitana;*

Giovanni Brindisi, *sacerdote assessore;*

P. J. Daviers, *superiore dei lazaristi,* etc.

Copia unissone e conforme al suo originale esibitori dall' illustrissimo e reverendissimo Monsignore arcivescovo Luigi-Maria Cardelli, e indi al medesimo restituito. Inoltro si attesta che le sottoscrizioni poste incalce al ditto originale sono quelle del sacerdote propagandista dom Carlo Isaverdens, arcidiacono; del reverendo padre Benvenuto, di Cervasca, guardiano de' M. O. Rif.; del reverendo padre Policarpo, da Smirne, superiore e paroco di questa chiesa francese de' cappuccini St. Policarpo; del sacerdote dom Emmanuele Balladur, prop. ed' assessore; del reverendo padre Francisco, da Leonessa, paroco della cattedrale; del sacerdote dom Giovanni Brindisi, e del sacerdote P. J. Daviers, superiore de' lazaristi. In fide di che, etc.

Smirne, 13 febbraro 1821.

Ambrogio delle GRAZIE, *canc.*

Noi Marc' Antonio, console generale per Sua Maestà l'imperatore d'Austria, re d'Ungaria e di Boemia, etc., etc., in Smirne e sue dipendenze;

certifichiamo ed' attestiamo a chiunque spetta, qualmente il qui sopra firmato signore Ambrogio delle Grazie è nostro cancelliere, alle di cui scriturre, e firme viene prestata piena, ed indubitata fede tanto in gindizio che fuori inguorum, etc. Smirne, data ut supra.

Marc' Antonio BERTRAND.

TRADUCTION.

Attestation des principaux membres du clergé de Smyrne.

Nous soussignés attestons et confessons, pour le triomphe de la vérité et confusion de l'auteur du libelle anonyme, imprimé à Marseille en 1820, intitulé : *Précis historique de l'établissement des capucins français à Smyrne*, et pour la justification et la gloire de notre très-illustre archevêque F.-Louis-Marie Cardelli ; que toutes les accusations dont notre susdit archevêque est injustement chargé dans ce libelle, sont ou fausses ou très-exagérées, soit pour ce qui a rapport à la violation du concordat de 1763, qui fixe les limites des paroisses ; lequel concordat, notre archevêque a toujours très-scrupuleusement fait observer à l'égard des deux paroisses ; soit aussi pour ce qui regarde l'interdit des prêtres indiqués dans le paragraphe 52 du susdit libelle, étant constant que lesdits individus ont été suspendus par de très-justes motifs à nous connus. Nous attestons également que jamais notre archevêque n'a fait des réclamations aux supérieurs des révérends pères capucins, pour faire cesser l'usage établi dans leur église française de chanter à la bénédiction l'*adjutorium nostrum* et le *sit nomen Domini benedictum.* En un mot, nous attestons que le susdit libelle n'a inspiré ici à toutes les personnes honnêtes que le seul mépris qu'il mérite.

En foi de quoi, nous avons signé, etc. Smyrne, 11 janvier 1821.

Signés, à l'original :

Charles ISAVERDENS, propagandiste et archid[re] ;

Frère BIENVENU, de Cervasca, gardien des observantins réformés ;

Frère POLICARPE, de Smyrne, supérieur et curé de Saint-Policarpe ;

Emmanuel BALLADUR, prêtre de la Propagande et assesseur ;

Frère FRANÇOIS de Léonissa, curé de la métropole ;

Jean BRINDISI, prêtre-assesseur ;

P. J. DAVIERS, supérieur des lazaristes, *etc.*

Légalisation du susdit certificat.

Copie exacte et conforme à son original exhibé par l'illustrissime et révérendissime

Monseigneur l'Archevêque Louis-Marie Cardelli, et ensuite à lui-même remis.

On atteste, en outre, que les seings mis au bas dudit original sont ceux du prêtre propagandiste, dom Charles Isaverdens, archidiacre; du révérend père Bienvenu de Cervasca, gardien des mineurs observantins réformés; du révérend père Polycarpe de Smyrne, supérieur et curé de l'église française des Capucins de St.-Polycarpe; du prêtre dom Emmanuel Balladur, propagandiste et assesseur; du révérend père François de Léonessa, curé de la cathédrale; du prêtre don Jean Brindisi, et du prêtre P. S. Daviers, supérieur des Lazaristes. En foi de quoi, à Smyrne, 13 février 1821.

Ambroise Desgraces, *chancelier.*

Nous Marc-Antoine Bertrand, consul général de Sa Majesté l'Empereur d'Autriche, Roi de Hongrie et de Bohême, etc., etc., etc., à Smyrne et autres pays qui en dépendent,

Certifions et attestons à qui il appartiendra que M. Ambroise Desgraces, signé ci-dessus, est notre Chancelier, aux écritures et seing duquel on peut ajouter pleine foi, tant en jugement que hors de jugement.

En foi de quoi, à Smyrne, les mêmes jour et an que dessus.

Marc-Antoine BERTRAND.

ATTESTATION de M. DAVID, consul général de France, à Smyrne.

Nous soussigné consul général de France à Smyrne, déclarons et attestons que, sur la demande que nous avons faite au curé de la paroisse française, pour savoir de lui si Mgr. l'archevêque avait éludé le concordat de 1763 et si ce prélat avait fait à ladite paroisse l'injonction officielle de ne point chanter l'*adjutorium*, ledit curé nous a répondu négativement, nous assurant qu'il regardait comme sans aucun fondement les allégations contenues à ce sujet dans le *Précis historique de l'établissement des capucins français à Smyrne*, sans nom d'auteur.

En foi de quoi nous avons délivré le présent certificat, sur la demande de Mgr. l'archevêque, pour servir ce que de droit.

A Smyrne, le 23 janvier 1821.

Signé : Pre DAVID.

Ces attestations sont suivies de deux autres qu'il serait inutile de faire imprimer en italien. On ne donnera même que la traduction de celle du *révérend père Yvone da Nogento*, missionnaire apostolique, ex-préfet de la mission des capucins à Constantinople.

ATTESTATION du révérend père YVONE, da Nogento, capucin.

Je soussigné, ex-préfet de la mission des capucins à Constantinople, atteste et déclare, en faveur de la vérité, que l'illustrissime Mgr. l'archevêque de Smyrne, Louis Cardelli, suspendit, par des motifs très-justes et très-graves, par nous bien connus, le révérend dom Jean d'Elie, sacristain de Saint-Polycarpe; qu'il ne l'a fait ni par haine, ni par animosité contre notre église; comme aussi j'atteste que, pendant le tems de ma préfecture le susdit prélat, non-seulement ne nous a enlevé aucun de nos priviléges, mais qu'il s'est au contraire efforcé de nous les conserver; que s'il a suspendu le père Jean-Baptiste lors de son passage à Smyrne, ç'a été pour réprimer l'insubordination de ce sujet qui, pendant le séjour de quatre mois qu'il a fait dans cette ville, n'a jamais voulu se présenter au susdit prélat, en lui faisant dire qu'il ne le connaissait pas. Ceci est la pure vérité, et je l'atteste. En foi de quoi, j'ai signé.

Smyrne, huit janvier mil huit cent vingt-un.

Conforme à l'original. F[re] YVONE,

da Nogento, capucin, missionnaire apostolique, ex-préfet.

LÉGALISATIONS traduites en français.

Copie exacte et conforme à l'original, qui est entre les mains de l'illustrissime et révérendissime Monseigneur l'archevêque Louis-Marie Cardelli, attestant, en outre, que la signature mise au bas dudit original est celle du très-révérend père Yvone, da Nogento, capucin, missionnaire apostolique, ex-préfet. En foi, etc.

A Smyrne, 13 février 1821.

Ambroise DESGRACES, *chancelier.*

Nous Marc-Antoine Bertrand, consul-général de S. M. l'empereur d'Autriche et roi, à Smyrne et autres villes qui en dépendent, certifions et attestons, à qui savoir le voudra, que la signature ci-dessus apposée de M. Ambroise Desgrâces, est celle de notre chancelier, que c'est son écriture et qu'on ne doit pas y mettre de doute soit en justice ou partout ailleurs. En foi de quoi, etc.

A Smyrne, mêmes jour et an que dessus.

Marc-Antoine BERTRAND.

On a trouvé, parmi ces certificats, envoyés de Smyrne, une lettre imprimée, sans nom de lieu, adressée à Mgr. Cardelli, en date du 15 décembre 1820. C'est une satire si maligne, si indécente, si dégoûtante, qu'on croirait faire tort à son auteur en la faisant réimprimer ici, de crainte de lui donner une plus grande publicité. En voici seulement deux bien jolies phrases : *On sait en France se défier de l'astuce d'un moine italien*... (Remarquez que notre saint père le Pape Pie VII, est moine et italien.) *Monseigneur* (l'auteur de la lettre parle à l'archevêque de Smyrne) *je ne veux pas vous prendre en traître, en imitant votre lâcheté ; j'aime la loyauté; je suis Français*. Mais mon bon, charmant et tout brave écrivain, si vous êtes Français, si vous n'êtes ni traître, ni lâche, pourquoi vous êtes-vous donc caché ? Pourquoi avez-vous donc gardé le plus grand *incognito* dans votre *Précis historique de l'établissement des capucins français à Smyrne* ?

FIN.

RÉPLIQUE.

Quantùm mutatus ab illo !

Le mérite distingué du respectable père Martin, Franciscain Récollet, Promoteur Métropolitain, Chanoine honoraire de l'Église d'Aix, ancien Professeur en l'Université de cette ville, commande et nécessite cette Réplique a la Réponse qu'il vient de faire à un écrit intitulé : *Précis historique de l'établissement des Capucins français à Smyrne.* Mais elle sera revêtue de tous les égards dûs à son âge, à ses talens, à ses vertus et à ses qualités. A cet effet, pour le suivre méthodiquement dans sa marche, on lui demandera poliment :

1° — Un petit imprimé, uniquement mis au jour pour être adressé, et pour donner l'éveil à la Cour de Rome et à la Cour de France, par l'auteur lui-même, qui leur en a fait hommage, peut-il être considéré comme un *écrit anonyme diffamatoire* (Voyez la Réponse du père Martin, pag. 1re)

Opinion outrée du père Martin.

Abus des mots.

2° — La réserve et la discrétion avec laquelle l'auteur a répandu son écrit dans Marseille, où il était sans objet, peut-elle être prise pour une *précaution mystérieuse qui décèle la calomnie ?* (pag. 3.)

Fausse application.

3° — L'exposé de certains actes administratifs, publics et notoires, fait dans l'intérêt des administrés, sans atteinte aux mœurs, à la probité ni à la vie privée de l'administrateur, peut-il présenter les *caractères d'un véritable libelle ?* (pag. 5.)

Telles seraient d'abord les questions à résoudre, avant d'entrer en matière.

4° — Puis, on priera père Martin de vouloir bien désigner l'endroit où il a cru voir que l'anonyme accusait Monseigneur Cardelli, Archevêque de Smyrne, *de priver injustement l'Eglise des Capucins du titre de Cathédrale et de ne pas officier pontificalement sous ses voûtes sacrées ?* (pag. 5.)

Fausse interprétation.

L'anonyme ne peut raisonnablement adresser ce double reproche à Mgr. Cardelli : 1° en sachant que c'est par un Bref du St. Siége, dont il sait apprécier toute l'autorité, que la nouvelle Cathédrale de Smyrne a été fixée dans l'Eglise des Récollets ; 2° après avoir vû, plus d'une fois, et de bien près, le nouvel Archevêque officier pontificalement chez les Capucins.

Ce qui aura donné lieu à cette double erreur du père Martin, c'est la prévention et la précipitation avec lesquelles il a lu et interprété ce passage de l'anonyme, qui, après avoir démontré contradictoirement l'ancienneté de la Paroisse française des Capucins sur celle des Récollets, s'écrie : « comment donc la Pa» roisse française a-t-elle pu être privée du » titre honorable de Cathédrale ? Pourquoi ne » voit-on pas siéger pontificalement sous ses » antiques voûtes sacrées le dernier successeur » de Saint Policarpe, son patron ! »

Ces deux phrases présentent le même sens, en différens termes. On y regrette que le Siége Épiscopal n'ait pas été attaché à l'Eglise de Saint-Policarpe. On y parle du Siége à demeure, et non de l'exercice des fonctions épiscopales. Pourquoi donc père Martin les a-t-il dénaturées, en leur faisant dire : *que l'Archevêque prive injustement l'Eglise des Capucins du titre honorable de Cathédrale : que l'Archevêque refuse de faire ses fonctions pontificales dans cette Eglise !* Si l'on connaissait moins la bonne foi du père Martin, on serait tenté de trouver du louche dans sa fausse interprétation. On n'y trouvera donc que double erreur de sa part, qu'un contre-sens répété dans chaque phrase. Dès-lors la confusion de la méprise lui appartiendra toute entière ; ainsi que l'odieux de la sortie virulente qui la précède. (pag. 4.)

ausse conséquence.

5° — Père Martin n'est pas plus exact dans sa *Réponse*, quand il avance *que l'anonyme n'a pas démontré que le droit de Cathédrale appartient à la Paroisse française des Capucins.* (pag. 5.)

Père Martin n'a pas voulu prendre la peine de faire un court raisonnement, et d'en tirer la conséquence naturelle ; de cette manière :

Le droit d'ancienneté de la Paroisse des Capucins sur celle des Récollets de Smyrne ; est démontré, puisque la Paroisse de Saint-Policarpe remonte seule en 1630.

Or, l'ancienneté, dans le conflit des deux Paroisses, doit l'emporter, et obtenir le Siége Episcopal ; (ainsi d'ailleurs qu'il est dit expressément dans la Bulle d'érection.)

Donc, le titre honorable de Cathédrale appartenait de droit à la Paroisse française des Capucins.

N'est-ce pas suffisamment *démontré !*

6° — D'où peut venir cette exclamation fanfaronne du père Martin ? (pag. 11) *Mais pourquoi le nouvel Archevêque de Smyrne ne quitte-t-il pas le Couvent de Sainte-Marie, pour venir dans celui des Capucins ? Quels sont les motifs qui l'empêchent d'établir son siège dans leur Eglise ?* Fanfaronnade.

A une interrogation aussi puérile, (tout le monde sachant ce que l'anonyme seul ignorerait, qu'il n'est pas plus au pouvoir de Mgr. Cardelli de quitter les Récollets, que de s'établir chez les Capucins), il fallait la réponse hardie, par laquelle père Martin, défigurant le sens et les expressions mêmes de l'anonyme, lui fait dire, sans pudeur et sans raison :

C'est parce que le nouvel Archevêque suit un système de ruse et de cupidité ; c'est parce-qu'il viole la foi du Concordat de 1763, traité solennel qui est, A SES YEUX, un mot vide de sens !

Comment père Martin a-t-il pu attribuer exclusivement, et à contre-sens, à Mgr. Cardelli, ce système de ruse et de cupidité, que l'anonyme fait peser tacitement, et qui ne peut tomber naturellement que sur les parties intéressées, qui n'ont pas craint de faire un faux exposé à l'autorité supérieure, en lui présentant sourdement et à l'insçu des bons pères Capucins, la paroisse de Ste.-Marie, comme la plus ancienne des deux !

Fausse citation.

7° — Il est pénible de remontrer à un ancien Professeur, dont on respecte les lumières, qu'indépendamment de la fausse application qu'il a faite des expressions *ruse* et *cupidité*, il ne s'aperçoit pas que la vivacité lui fait changer non-seulement l'esprit, mais la lettre même du texte de l'anonyme, en substituant, innocemment sans doute, ces mots, *à ses yeux*, à ceux-là, *sous ses yeux !*

Car que dit l'anonyme ? Que la loi du concordat de 1763 est violée ; que la foi de ce traité solennel est un mot vide de sens *sous les yeux* du nouvel Archevêque.

Eh ! sans doute, la foi de ce traité est un mot vide de sens ! sans doute, la loi du concordat est violée *sous les yeux* du nouvel Archevêque ! quelles sont donc ses violations ? Les voici :

On voit tous les ans, tous les jours, quelque Paroissien français des Capucins, perdre sa maison, son habitation devenue la proie des flammes, et aller s'établir au loin, dans des quartiers isolés, auparavant déserts, et qui n'avaient été abandonnés à la Paroisse de Ste.-Marie que par leur nullité, lors du concordat. Ces nouveaux quartiers se peuplent des émigrés de la Paroisse française, qui finira par disparaître entièrement, par la fatalité locale de cette suite d'émigrations. Emigrations forcées, il est vrai, par le malheur des tems et des lieux, mais qui n'en sont pas moins au préjudice des pauvres Capucins ! Sont-ce là des violations locales, matérielles du concordat ? Ces violations se font-elles *sous les yeux* de Mgr. Cadelli ? Cependant que fait ce digne Prélat, dans son administration paternelle, pour en arrêter le cours, pour en balancer les funestes effets par une sage compensation ? Or, sous ce rapport, la foi du concordat est-elle autre chose qu'un mot vide de sens, *sous les yeux* du nouvel Archevêque ?

Si père Martin s'est trompé là-dessus, il faut convenir que son erreur et sa vivacité trouvent leur excuse dans l'ignorance où il était de toutes ces circonstances locales d'émigrations de Paroissiens français. A la bonne heure, qu'il soit donc une autre fois mieux en garde contre toute précipitation.

uiproquo. 8° — Père Martin a encore confondu les personnages sur lesquels Mgr. Cardelli exerce une espèce de tyrannie. Il la fait peser (page 13) sur deux ou trois prêtres de St.-Policarpe, tandis que l'anonyme ne cite individuellement que Don Grégoire.

Mais ce ne doit pas être ici un qui-pro-quo du père Martin, ce sera plutôt un petit tour d'adresse, cette fois ! voici comment :

Don Grégoire appartient à une famille honnête, qui est dans l'aisance. Il vit ainsi dans un état honorable et indépendant. Mgr. Cardelli n'a pu obtenir de ce jeune prêtre, plein d'honneur, une attestation favorable de pure complaisance. Dès-lors père Martin s'est trouvé en défaut. Qu'a-t-il fait pour remplir le vide de ses preuves, de ses certificats ? Il a tâché de glisser sur le compte de Don Grégoire ; il n'en a point parlé ; il l'a fait disparaître en le confondant avec deux ou trois prêtres interdits de St.-Policarpe, (pag. 13). Quoi de plus surprenant que de voir père Martin, justement reconnu pour un des flambeaux du jour, rouler ainsi de chute en chute, ne sortir d'une erreur que pour tomber dans une autre, et se permettre sérieusement contre l'anonyme, qu'il a défiguré de toutes les manières, ce cri risible dans sa bouche! *Quantùm mutatus ab illo!* (page 19).

9° — Père Martin n'a point parlé de l'*Adjutorium* que les Capucins ont le privilége de chanter, dans leur Église, à la Bénédiction du Très-Saint Sacrement; est-ce par oubli, ou parce qu'il ne connaissait pas les détails de cet article? Dans ce dernier cas, il y aurait prudence de sa part, et il est consolant de lui en rendre justice. Que n'a-t-il gardé le même silence au sujet du concordat qu'il ne connaissait pas mieux! Mais puisqu'il en est question, *de l'Adjutorium*, dans les certificats exhibés par Mgr. Cardelli, il n'est pas hors de propos d'en dire ici un mot: Oubli.

Il est vrai que Mgr. Cardelli n'a pas fait Injonction officielle de supprimer *l'Adjutorium.* Mais dès le principe de son Episcopat, voulant sonder le terrain et pressentir les dispositions, il fit menace de le supprimer sous peu de jours. Cette menace, répétée plusieurs fois et à diverses personnes, fit alors pousser les hauts cris, non-seulement aux Capucins, mais à tous les Prêtres attachés à la Paroisse française. Ces cris parvinrent bientôt jusqu'à Constantinople, et provoquèrent les justes et sévères remontrances de Mr l'Ambassadeur, qui arrêta à propos l'exécution du projet de tentative contre l'*Adjutorium*. La preuve en confirmation s'en tire de l'entêtement avec lequel Mgr. Cardelli a constamment refusé de se conformer à cet ancien usage ou privilége local, d'autel ou d'église, n'ayant jamais voulu chanter l'*Adjutorium* quand il a donné la bénédiction chez les Capucins, au mépris de l'autorité suprême de laquelle émane ce privilége honorable.

Enthousiasme.

10° — Je laisserai père Martin prôner la noblesse et exalter les belles dispositions du père Louis-Marie Cardelli, qu'il a connu au Couvent de Ripa, tout jeune encore alors, et frais sorti du noviciat, (pages 15, 16, 17, 18, 19); j'applaudirai moi-même de bon cœur au succès et à l'élévation de son ancien confrère.

11° — J'en viens à la page 19 dans laquelle, après avoir fait un lourd contre-sens, père Martin s'extasie sur le froc. Il dit que *l'anonyme reproche à Mgr. Cardelli de n'avoir pas quitté l'habit religieux, depuis qu'il a été promu à la dignité Episcopale.* Nouvelle entorse, nouvel écart ! Contre-sens.

Avec autant d'intelligence que de savoir, père Martin n'a-t-il pas senti que le mot *froc* est pris au figuré par l'anonyme ! comme, quand on dit : dépouiller le vieil homme, pour changer de vie, de mœurs, de conduite ; et qu'il ne s'agit ici ni de la forme, ni de la couleur de l'habit, mais bien, de l'esprit de corps, d'un esprit de partialité, ainsi que l'explique la suite du raisonnement ! C'est même le seul sens à donner au mot *froc*, et il est d'autant plus propre et plus exclusif dans ce passage, que Mgr. Cardelli ne paraît dans les rues de Smyrne, et n'officie dans les Eglises qu'en habit violet ! Comment donc l'anonyme aurait pu avancer le contraire !

Il semble que, sur ce point, comme sur bien d'autres, père Martin n'était pas assez instruit des localités, pour prendre l'initiave dans cette affaire. Avant de prononcer sans appel, comme il a fait, il avait besoin de quelque sursis, pour un plus ample informé. Un Promoteur métropolitain devrait mieux observer les formes ! C'est pour la seconde fois qu'il provoque ce reproche d'infidélité, qu'on est en droit de lui faire, sans déroger au respect que l'on doit à toutes ses autres connaissances !

barras. 12° — Au sortir de son extase, père Martin aura bien de la peine à se justifier des injures qu'il prodigue gratuitement à l'anonyme, sur *son acharnement contre le Prélat*, sur *l'indécence de ses expressions* (page 10); mais plus particulièrement sur son *indignité* à recevoir le saint habit de son ordre (page 36). Hélas! Il n'était donné qu'à un petit nombre d'âmes privilégiées d'atteindre à un haut degré de science et de perfection, dans le silence et l'obscurité de la retraite !

Grand urroux. 13° — Avec le moindre sang froid, père Martin aurait pu aisément s'épargner un grand courroux. On n'aurait pas vu l'ancien Professeur d'université, transformé tout-à-coup en simple magister, armé de la férule et du fouet, pour la défense des Jésuites, traités *de Mission-*

naires sans aveu dans le Levant (page 8). Il aurait peut-être soupçonné que l'anonyme avait pris ces expressions propres, ces mots techniques, *sans aveu*, dans les lettres patentes de Sa Majesté le Roi de France, auxquelles il n'avait rien voulu changer. Ce qui signifiait alors, que les Jésuites n'étaient avoués, ou reconnus, ou protégés par aucune puissance d'Europe, ni par aucun firman de la Porte Ottomane.

14° — Tout honnête homme partage, ou doit partager les vœux du père Martin (p. 28), en souhaitant, en désirant ardemment, pour l'honneur de l'Episcopat, pour le bien de la France, et pour le triomphe de la religion, que le charitable M. Desmazure, prosterné aux pieds du trône de S. M. T. C., puisse resserrer les nœuds qui lient déjà le Monarque et le prélat de Smyrne. Mais ne faut-il pas auparavant que le bon abbé revienne sur ses pas, et qu'il s'assure que le Pontife a fait retentir, au moins une fois, les voûtes sacrées de sa Cathédrale, du nom de son auguste protecteur et bienfaiteur, pour attirer sur lui les grâces et les bénédictions du Ciel ? Et qui lui donnera cette assurance ? L'officieux père Martin, *qui ne*

Indiscrétion.

s'est pas toujours adressé à des personnes très-dignes de foi (page 5).

Morgue. 15° — L'anonyme ne saurait trouver mauvais qu'on ait répondu à son libelle (page 31). Père Martin ne pouvait mieux faire pour donner *à cet ouvrage obscur, sans nom d'auteur, d'imprimeur, ni de lieu,* (page 1), une vogue qu'il n'aurait jamais pu avoir de lui-même. Sa *réponse* l'a fait rechercher avec curiosité. Loin donc de trouver mauvais qu'on ait répondu à son libelle, l'anonyme éprouve un sentiment bien flatteur de voir qu'un personnage d'un mérite aussi relevé, revêtu de titres aussi honorables; doué de qualités aussi éminentes, ait daigné descendre et s'abaisser jusqu'à lui.

Si l'anonyme peut être étonné, c'est de voir un passage du grand St.-Bernard (*crimen est respondisse*) servir d'épigraphe à la *réponse* du père Martin, pour être plus évidemment en opposition avec cet axiome connu de l'école, que le docte professeur a dû répéter souvent dans ses leçons de théologie : *non sunt facienda mala, ut eveniant bona !*

16° — Enfin dans son impatience, père

Martin exhale sa mauvaise humeur, en taxant l'anonyme d'*ignorance et de pédanterie!* (p. 26) *hæc ultima ratio.*

Si l'anonyme allait se fâcher de ces deux épithètes, et prendre le sérieux, n'aurait-il pas à craindre, à son tour, ce qu'à Dieu ne plaise, d'avoir offensé plus d'une fois, le respectable père Martin, qu'il vient de régenter si souvent, en lui redressant tant d'entorses et de contre-sens! Mais non, l'anonyme respectera toujours père Martin, Franciscain Récollet, Promoteur métropolitain, Chanoine honoraire de l'église d'Aix, ancien professeur en l'université de cette ville. Il lui connaît beaucoup de piété; une science étendue, un esprit éclairé, une sensibilité rare, et surtout, un attachement inviolable, un amour dominant pour l'habit qu'il honorait dans le cloître, et qu'il regrette encore avec raison! L'anonyme applaudit à ses justes regrets, et lui pardonne sans rancune ses méprises, ses distractions, ses apostrophes, ses sarcasmes, en faveur de la vaste et profonde érudition qu'il a développée sur le froc et la sandale (pages 20, 21, 22, 23, 24, 34, 35, 36, 37).

Emportement. Ultima ratio du père Martin.

Conclusio

NOTES.

1° La plupart des attestations, présentées avec tant d'emphase, sentent l'empyrique. On y élude le vrai point de la question. On s'y attache à prouver que Mgr. Cardelli n'a point VIOLÉ LE CONCORDAT ; qu'il n'a pas fait INJONCTION OFFICIELLE de supprimer l'Adjutorium. Eh! qui l'en accuse ! *Probatur quod non probandum.*

2° Le défaut d'attestation de don Grégoire laisse subsister tout le poids de l'accusation de tyrannie exercée sur ses facultés : *non probatur quod probandum.*

3° La RÉPONSE apologétique du respectable père Martin ressemble, autant par le nombre que par l'effet, à la vieille mousqueterie d'Avignon, dont parle Berenger. Cette réponse se compose, tout juste, de 50 pages ; qui, à raison des contre-sens, des entorses, des apostrophes à contre-temps, des fausses citations, des digressions oiseuses, qu'il faut en retrancher, parodient à merveille la fameuse salve des 50 vieux mousquets, dont TRENTE-SIX FIRENT FAUX-FEU ET QUATORZE CREVÈRENT !

REMARQUES

Du P. MARTIN sur la Réplique de l'auteur anonyme du *Précis Historique de l'Etablissement des Capucins Français à Smyrne.*

Et fiunt novissima hominis illius pejora prioribus.

On garde encore l'anonyme dans cette Réplique. C'est donc à un anonyme qu'on parle, et par conséquent l'auteur, qui se cache, ne peut pas se plaindre de personnalité.

Sans s'arrêter à ces mots : *respectable père Martin, franciscain récollet, promoteur métropolitain, chanoine honoraire de l'église d'Aix, ancien professeur en l'Université de cette ville*, sur lesquels l'anonyme aime à s'égayer, on se conformera exactement à la marche tracée dans la réplique renfermant, en 16 pages, seize qualifications qui en font tout le mérite, et d'autant plus intéressantes que la plupart sont très-civiles. Nous allons les analyser :

N° I.

Opinion outrée du père Martin.

« Un petit imprimé, unique-
» ment mis au jour pour être
» adressé et pour donner l'éveil à
» la cour de Rome, et à la cour
» de France, par l'auteur lui-même,
» qui leur en fait hommage, peut-
» il être considéré comme un écrit
» anonyme diffamatoire ? »

Le P. Martin considèrera comme diffamatoire cet écrit anonyme, avec tous ceux qui l'ont lu ou qui le liront, tant qu'on n'en retranchera pas ce qu'on y avance contre l'Archevêque de Smyrne, surtout pour les interdits. Jusques alors son opinion ne sera point outrée.

Voilà donc le *Précis historique* etc., dont l'anonyme a fait hommage à la cour de Rome et à celle de France, devenu une affaire d'état. Il est à présumer que cet écrit aura été revêtu du nom de son auteur, sans quoi il restera longtems au rebut. On ne saurait croire que l'anonyme ait eu cette maladresse, car alors adieu ses relations avec les cours de Rome et des Tuileries. Il n'y a pas de doute, qu'il n'ait accompagné son écrit, de sa lettre respectueuse à Mgr. Cardelli.

N° II.

Abus des mots.

« La réserve et la discrétion » avec lesquelles l'auteur a répandu » son écrit dans Marseille, où il » était sans objet, peut-elle être » prise pour une précaution mys- » térieuse qui décèle la calomnie? »

Il est étonnant que l'anonyme, qui reproche au P. Martin tant d'abus de mots, d'entorses, de distractions, d'infidélités, etc., tombe lui-même, en commençant sa réplique dans ces mêmes fautes.

Le P. martin a dit : *une espèce de précaution mystérieuse* ; et non pas *une précaution* ; il a dit : *qui semble déceler*, et non pas *qui décèle la calomnie* ; ce qui est un peu différent !

Avant de terminer cet article, ne pourrait-on pas dire à l'anonyme, si votre écrit était sans objet à Marseille, pourquoi l'y avez-vous répandu ? Pourquoi ne vous êtes-vous pas contenté de le faire passer à Smyrne ? Avec cette prudente précaution, le P. Martin n'aurait jamais songé à y répondre pour justifier Mgr. Cardelli, son confrère et son ancien ami. Cette prudence, à la vérité, aurait tourné au désavantage du P. Martin ; puisqu'il n'aurait pas été honoré de toutes les brillantes qualités qu'on lui donne dans la réplique à sa réponse.

N° III.

Fausse Application.

Ici l'anonyme demande si son écrit présente *les caractères d'un véritable libelle.*

Oui sans doute, les paragraphes XXXI, XXXII, principalement sur la conduite de Mgr. Cardelli, relative aux interdits, etc., présentent les caractères d'un véritable libelle. On verra, en les lisant, si le P. Martin a fait une fausse application.

Il s'agit non seulement de certains actes administratifs, mais encore de l'exercice de la juridiction, de la puissance spirituelle d'un Evêque.

Le clergé de Smyrne a donné à cet écrit, avant le P. Martin, la qualification de libelle dans l'attestation qui se trouve à la fin de sa réponse (p. 41), tous ceux qui le liront ne manqueront pas de la lui donner.

N° IV.

Fausse interprétation.

Cet article a pour objet le titre de cathédrale et les fonctions épiscopales.

Si l'anonyme avait eu la complaisance de nous apprendre comme il nous l'apprend aujourd'hui, que par un bref du Saint Siége, la nouvelle cathédrale de Smyrne a été fixée dans l'église des Récollets, on ne lui aurait point reproché d'accuser Mgr. Cardelli de priver l'Eglise des Capucins de ce titre honorable.... Pourquoi a-t-il gardé le silence sur ce bref dans son Précis Historique ? Pourquoi, d'après la connaissance qu'il en avait, mettre ce titre en question, et vouloir démontrer qu'il appartenait de droit à l'Eglise de St.-Policarpe ? cette question devenait inutile, puisqu'elle était décidée. En l'agitant, c'était avoir l'air de blâmer Rome, en donnant la préférence à l'Eglise de Sainte-Marie.

Si le P. Martin a fait une fausse interprétation, s'il a été dans l'erreur, c'est la faute du silence affecté de l'anonyme sur le bref du Pape.

Quant aux fonctions épiscopales, on n'a qu'un mot à dire.

L'anonyme a dit, page 15 de son libelle : « Pourquoi ne voit-on » pas siéger pontificalement sous » les antiques voûtes sacrées (de » l'Eglise des Capucins), le der- » nier successeur de St.-Policarpe, » son patron ? »

Le P. Martin a entendu cela comme tout le monde l'entend, *officier pontificalement*; car ces mots: *siéger pontificalement sous des voûtes sacrées*, présentent d'abord à l'esprit des fonctions pontificales. Ce n'est plus cela. Dans l'esprit de l'anonyme et selon son langage, *siéger pontificalement sous des antiques voûtes sacrées* veut dire : *siége à demeure*, *et non l'exercice des fonctions épiscopales.* (Voyez la réplique page 3), qu'on juge maintenant de la fausse interprétation.

Nº V.

Fausse conséquence.

« Père Martin n'est pas plus » exact dans sa réponse, quand » il avance que l'anonyme n'a » pas démontré que le droit de » cathédrale appartient à la paroisse » française des Capucins (p. 5). »

« Père Martin n'a pas voulu pren» dre la peine de faire ce court » raisonnement et d'en tirer la » conséquence naturelle de cette » manière : »

« Le droit d'ancienneté de la » paroisse des Capucins, sur celle

» des Récollets de Smyrne est
» démontré, puisque la Paroisse
» de St.-Policarpe remonte seule
» en 1630. »

« Or l'ancienneté, dans le con-
» flit des deux paroisses, doit
» l'emporter, et obtenir le siége
» épiscopal. »

« Donc le titre honorable de
» Cathédrale appartenait de droit
» à la Paroisse française des Capu-
» cins. »

« N'est-ce pas suffisamment dé-
» montré? »

Non cela n'est pas suffisamment démontré.

1° La paroisse de St.-Policarpe n'a jamais eu ce titre, sous les précédens Archevêques.

2° L'ancienneté d'une paroisse

n'est pas toujours un titre suffisant pour lui donner droit à obtenir, dans le concours, le siége épiscopal, ou toute autre prérogative. Des circonstances de localité et autres raisons peuvent s'y opposer et décider les supérieurs ecclésiastiques à donner la préférence à la moins ancienne.

Il existe dans bien des pays catholiques, des métropoles et des cathédrales moins anciennes que certaines paroisses situées dans la même ville. L'histoire de l'Eglise en fournit mille exemples. Sans sortir de Marseille, la paroisse de St.-Martin n'a-t-elle pas été déclarée église majeure, quoique celle de la Major soit plus ancienne ? Et si, un jour Marseille, comme il est à désirer, voit un Evêque fixé dans ses murs, ne peut-il pas arriver que l'église de la Major, malgré son titre d'ancienneté, malgré que depuis St.-Lazare, elle ait été le siége épiscopal, on ne le place ailleurs, ce siége épiscopal?

L'argument que fait l'anonyme, appuyé sur l'ancienneté, est donc un argument spécieux, et n'est pas une preuve démonstrative.

L'anonyme aurait peut-être mieux raisonné en disant :

N'abordons pas la question de l'ancienneté, ne nous mêlons pas de la discuter, ni de démontrer que le siége épiscopal, appartenait de droit à la paroisse des Capucins; ne cherchons ni le pourquoi ni le comment, elle a pu être privée de ce droit. Taisons-nous : le bref qui a décidé la question nous commande le silence et une respectueuse soumission à l'autorité suprême dont il émane. C'est là, ce semble, le langage sage qu'on aurait pu tenir d'après la connaissance du bref du Saint-Siége.

Ici se présente naturellement à l'esprit une réflexion qu'on ne peut s'empêcher de faire.

Comment est-il possible qu'après avoir voulu démontrer que le siége épiscopal, rendu dernièrement à Smyrne, appartenait de droit à la paroisse française ? qu'après s'être écrié : comment donc a-t-elle pu être privée du titre honorable de Cathédrale ? Langage qui décèle l'intention de censurer Rome, de regarder comme injuste le bref du St.-Siége, en privant l'Eglise de St.-Policarpe de ce titre honorable? Qu'après avoir outragé de la manière la plus indigne, Mgr. Cardelli, l'anonyme ait eu, on ne dira pas la hardiesse, mais la bonhomie, d'adresser son écrit, et d'en faire hommage à la Cour de Rome, pour lui donner l'éveil? Oui, l'éveil de l'indignation!

Mais est-il bien vrai que l'anonyme ait adressé son libelle et en ait fait hommage aux Cours de Rome et de France? n'y aurait-il pas là quelque fanfaronade?

N° VI.

Fanfaronade.

Oh! pour le coup, le P. Martin

ne se serait jamais attendu à une si jolie qualification ! si l'anonyme avait dit : le P. Martin est un radoteur, il aurait supporté une pareille expression, *sustinuissem utique*...... On peut radoter à l'âge où il est ; mais de lui faire dire des fanfaronnades, de le travestir en fanfaron à l'âge de soixante et quinze ans, cela est insupportable et capable de le faire mourir, non pas de douleur ; mais de rire. *Risum teneatis*..... Écoutons :

« D'où peut venir, dit l'anonyme,
» cette exclamation fanfaronne du
» P. Martin ; pourquoi le nouvel
» Archevêque de Smyrne, ne
» quitte-t-il pas le couvent de Ste.-
» Marie pour venir dans celui des
» Capucins ? Quels sont les motifs

» qui l'empêchent d'établir son
» siége dans leur Eglise ? »

Voici d'où vient cette exclamation que l'anonyme appelle fanfaronne et puérile.

Le P. Martin, ignorant le bref du St-Siége qui fixe la nouvelle Cathédrale aux Récollets ou Soccolans, a dit, dans la bonne foi, en parlant des deux paroisses et du siége épiscopal:

« C'est ici, sans doute, un point
» de droit qui paraît encore indé-
» cis, de sorte que l'anonyme
» semble n'avoir pas raison, en
» accusant Mgr. Cardelli d'injus-
» tice et en criant à l'abus dans
» son épigraphe : *abusus semper*
» *clamat*. Au surplus nous n'au-
» rions garde de vouloir détruire,

» ni affaiblir ce droit, s'il existe
» réellement. Nous désirons comme
» Français, autant que peut le
» désirer l'anonyme, que l'Église
» des pères Capucins de Smyrne
» jouisse du titre de Cathédrale.
» Mgr. Cardelli serait blamable
» de lui ravir injustement cet hon-
» neur, s'il lui est dû positive-
» ment, ce qui n'est pas à supposer.»

Immédiatement après, le P. Martin s'écrie :

« Mais pourquoi le nouvel Ar-
» chevêque de Smyrne ne quitte-
» t-il pas le Couvent de Ste.-Marie
» pour venir dans celui des Capu-
» cins ? Quels sont les motifs qui
» l'empêchent d'établir son siége
» dans leur Eglise ? »

On le demande, y a-t-il dans

cette exclamation quelque fanfaronade, quelque puérilité? Si le siége épiscopal était fixé aux Capucins, serait-il extraordinaire, serait-il inconvenant que le nouvel Archevêque de Smyrne, où il n'y a ni évêché, ni maison épiscopale, quittât le couvent de Ste.-Marie pour venir dans celui des Capucins dont l'Eglise serait son siége? Cela serait d'autant plus naturel que, dans le sens de l'anonyme, *siéger* doit s'entendre *du siége à demeure*.

Pour savoir si le P. Martin a fait une réponse hardie, s'il a fait parler sans pudeur et sans raison l'anonyme, il est nécessaire de revenir à cette phrase du Précis Historique (p. 15.) :

« Pourquoi ne voit-on pas sié-

» ger pontificalement sous ses » voûtes sacrées (de la paroisse » des Capucins) le dernier suc- » cesseur de St.-Policarpe, son » patron ? » *Par l'effet sans doute*, répond de suite l'anonyme, *du même système de ruse et de cupidité, qui enlève tous les jours*, etc.

Qui ne croirait que ce système pèse sur le dernier successeur de St.-Policarpe, tandis qu'il n'est question ici que de lui ?

L'anonyme, dans sa réplique, commente sa phrase, et dit : qu'on ne peut pas *attribuer exclusivement*, *et à contre-sens*, *à Mgr. Cardelli ce système de ruse et de cupidité*, *qu'il ne le fait peser tacitement*, *et qu'il ne peut naturellement tomber que sur les parties intéressées.*

Mais de bonne foi fera-t-il accroire, qu'il ne veut pas du tout faire peser sur Mgr. Cardelli ce système de ruse et de cupidité, après avoir dit de lui qu'il ne protége pas également les deux paroisses, qu'il est un homme rusé, un moine astucieux (1) ; et qu'il est conduit par un esprit de corps et de partialité ?... Où est donc la hardiesse de la réponse du P. Martin, comment a-t-il fait parler sans pudeur, sans raison l'anonyme ?

N° VII.

Fausse citation.

L'anonyme se plaint de ce que le P. Martin a substitué ces mots

(1) Dans la lettre imprimée qu'il a écrite à Mgr. Cardelli.

à ses yeux, à ceux-là *sous ses yeux*, en parlant du concordat de 1763. Il a raison, mais cela est arrivé sans intention. D'ailleurs, si la lettre de son texte a été changée, l'esprit reste le même; car ne peut-on pas dire qu'aux propres yeux du nouvel Archevêque de Smyrne, ce traité solennel est un mot vide de sens, s'il ne le garantit pas, s'il n'empêche pas qu'on le viole, s'il ne protége pas la paroisse de St.-Policarpe, s'il se refuse *à raffermir les colonnes ébranlées de ce temple auguste !*

N'est-ce pas épiloguer que de reprocher une fausse citation dans le changement de ces mots *à ses yeux* au lieu de ceux-ci, *sous ses yeux* ?.... Tout comme le P. Martin, le clergé de Smyrne a jugé que l'anonyme accusait dans son Précis historique, Mgr. Cardelli d'avoir violé le concordat de 1763 (1).

Poursuivons : « Quelles sont, » dit l'anonyme, les violations de » la loi du concordat sous les yeux » du nouvel Archevêque ? Les » voici : »

« On voit tous les ans, tous » les jours, quelque paroissien fran- » çais des Capucins, perdre sa » maison, son habitation devenue » la proie des flammes, et aller s'é- » tablir au loin, dans des quartiers » isolés, auparavant déserts, et qui » n'avaient été abandonnés à la » Paroisse de Ste.-Marie, que par

---

(1) Voyez l'attestation, p. 41.

» leur nullité, lors du concordat.
» Ces nouveaux quartiers se peu-
» plent des émigrés de la Paroisse
» Française, qui finira par dispa-
» raître entièrement, par la fa-
» talité locale de cette suite
» d'émigrations. Emigrations for-
» cées, il est vrai, par les malheurs
» des tems et des lieux; mais
» qui n'en sont pas moins au pré-
» judice des pauvres Capucins? »
Ici l'anonyme désirerait que, dans son administration paternelle, Mgr. Cardelli arrêtât, par une sage compensation, les funestes effets de ces violations du concordat qu'il appelle locales et matérielles.

Soit, on le désire comme lui. — Mais on le demande à l'anonyme lui-même; sous le rapport de ces violations locales et matérielles, la foi du concordat est-elle véritablement, réellement violée? Mgr. Cardelli, les PP. de la Paroisse de Sainte-Marie en sont-ils la cause? Sous ce rapport, peut-on dire, qu'à leurs yeux, ou sous leurs yeux, la foi de ce traité est un mot vide de sens? Peut-on les accuser de suivre un système de ruse et de cupidité?..... Et comment, d'après son exposé sur les malheurs qu'a éprouvé et qu'éprouve la Paroisse de St.-Policarpe, malheurs qui ne peuvent qu'affliger; ne s'aperçoit-il pas qu'il fait évanouir toute violation volontaire et coupable du concordat de 1763, ainsi que l'existence d'un système de ruse et de cupidité?

N° VIII.

Quiproquo.

Ici, au lieu de rétracter les outrages qu'il s'est permis contre Mgr. Cardelli, au lieu de répondre aux reproches qu'on lui en fait : au lieu de se justifier de l'accusation, d'avoir manqué à l'Episcopat, l'anonyme glisse sur tout cela, évite le but, sort de la question, pour ne s'attacher qu'à un imaginaire quiproquo, qu'il appelle un petit tour d'adresse....

Ecoutons-le :

« Père Martin a encore confondu
» les personnages sur lesquels Mgr.
» Cardelli exerce une espèce de
» tyrannie (1). Il l'a fait peser sur

---

(1) Il y a dans le Précis historique, la tyrannie et non une espèce de tyrannie.

» deux ou trois prêtres de St.-Po» licarpe, tandis que l'anonyme » ne cite individuellement que » Dom Grégoire, » (Réplique p. 6.)

Que la tyrannie pèse sur un ou plusieurs Prêtres, c'est toujours tyrannie : la cause de l'anonyme n'en est pas meilleure : Mgr. Cardelli n'est pas moins un tyran à ses yeux, quoiqu'il ne tyrannise que Dom Grégoire.

Examinons les faits :

Mgr. Cardelli a interdit pour de bonnes raisons Dom Grégoire, le père Jean-Baptiste et Dom Jean. L'anonyme se sert du mot *tyrannie* pour le premier, des mots *avanies et amertumes* pour le second, et du mot *acharnement* pour le troisième... Le mot *tyrannie* ne pèse à la vérité que sur Dom Grégoire ; mais y a-t-il là un vrai quiproquo, y a-t-il *un petit tour d'adresse ?*

Pour ôter toute équivoque, on dira donc, Mgr. Cardelli *exerce la tyrannie sur Dom Grégoire ; il a abreuvé d'avanies et d'amertumes le père Jean-Baptiste de Savone, il poursuit avec acharnement Dom Jean.*

L'anonyme est-il content de cet arrangement ? Trouve-t-il maintenant qu'il a été *défiguré de toutes les manières ?* Ce cri, *quantum mutatus ab illo*, appliqué à Mgr. Cardelli, étrangement changé par de noires couleurs, *est-il un cri risible dans la bouche du P. Martin ?*

Au surplus le P. Martin prie instamment l'anonyme de lui tendre la main pour le faire sortir du précipice où il l'a jeté en le faisant rouler de *chûte en chûte et d'erreur en erreur.*

N° IX.

Oubli.

L'anonyme aurait désiré que le P. Martin n'eût pas oublié de parler de l'*Adjutorium* que les PP. Capucins ont le privilége de chanter dans leur Eglise à la bénédiction du Très-Saint Sacrement.

Quelle nécessité y avait-il que le P. Martin parlât dans sa réponse de *l'Adjutorium* ? A quoi bon ?.... Mgr. Cardelli s'est borné à des menaces, de l'aveu même de l'anonyme, il n'a jamais fait l'injonction officielle de le supprimer : on continue à le chanter, et on le chantera ; pourquoi faire tant de bruit à ce sujet ?.... L'anonyme voulait-il que le P. Martin blâmât la conduite de l'Archevêque de Smyrne ? Le P. Martin sait respecter les Evêques ; il ne saurait les blâmer lors même qu'ils pourraient avoir des torts.

N° X.

Enthousiasme.

Le P. Martin a pris la défense de l'Archevêque de Smyrne, son confrère ; il a parlé de sa naissance ; il a fait tout simplement l'éloge de ses talens et de ses vertus : donc il est un enthousiaste ; quelle excellente logique !

N° XI.

Contre-sens.

« Après avoir fait un lourd » contre-sens, père Martin s'extasie » sur le froc.... »

Voyons ce contre-sens :

« Depuis qu'il a été promu » (Mgr. Cardelli) à la dignité » de prince de l'Eglise, loin de » dépouiller le froc de Soccolant, » etc. » Telles sont les paroles du *Précis historique*, p. 16.

Le P. Martin a tout bonnement pris le mot *froc* à la lettre pour l'habit religieux, et n'a pas cru faire un contre-sens, ni entorse, ni écart.

L'anonyme prend maintenant, dans sa réplique p. 11, le mot

froc au figuré ; et l'entend de l'esprit de corps, d'un esprit de partialité comme quand on dit : dépouiller le vieil homme, pour changer de vie, de mœurs et de conduite ; mais dans ce sens, pour ôter toute amphibologie, tout vague, pourquoi ne pas dire loin de dépouiller *l'esprit de froc*, *de Soccolant*, l'esprit de corps ?... Alors toute équivoque disparaissait, la phrase était claire et tout contre-sens évité.

Voyons maintenant comment parlerait l'anonyme au figuré.

Révérendissime père Louis Cardelli, *Soccolant*, (1) depuis que vous avez été promu à la dignité

(1) Ce sont les propres paroles dont se sert l'anonyme p. 18 du *Précis historique*, note sur le complaisant M. Méchain.

de prince de l'Eglise, vous n'avez pas su vous élever à la hauteur de votre auguste caractère, en protégeant également les deux paroisses ; vous n'avez pas su vous dépouiller du vieil homme, c'est-à-dire de l'esprit du froc, de l'esprit de Soccolant, de l'esprit de corps, de partialité, et on ne vous voit qu'avec douleur à la tête de votre ancien parti de moines, comme sur un champ de bataille, aiguiser les armes de l'interdit et de la suspense. (1)... Quel respect pour un prince de l'Eglise !

L'anonyme voudra bien recevoir les remercîmens du P. Martin, au

(1) Voyez page 16 du *Précis historique.*

sujet de son ravissement en extase sur le *froc*.

N° XII.

Embarras.

Le P. Martin ne se trouve, au sortir de son extase, dans aucun embarras; il maintient dans son intégrité tout ce qu'il a dit sur le libelle contre Mgr. Cardelli, pages 12, 13, 14, 15, et ailleurs de sa réponse, où l'anonyme parle de ce digne prélat d'une manière aussi injuste qu'indécente et injurieuse.

Nul embarras aussi sur ce que l'anonyme lui fait dire sur son indignité à recevoir l'habit de St.-François.... Le P. Martin ne parle pas d'une indignité absolue et exclusive, mais seulement d'une indignité relative et conditionnelle. « Habit, dit le P. Martin, qui » honorerait l'anonyme lui-même, » *si* Dieu l'avait appelé à être » Soccolant; habit, que par une » conduite édifiante, il n'aurait » pas manqué sans doute de faire » respecter, *si* on l'avait trouvé » digne d'en être revêtu. » On voit que le P. Martin n'a pas voulu dire, que l'anonyme était absolument indigne de recevoir l'habit de son ordre.

N° XIII.

Grand courroux.

Voici du bruyant, du sérieux; du merveilleux.... Par la vertu de sa baguette, l'anonyme, habile en métamorphoses, *transforme tout-à-*

coup un ancien professeur d'université en simple magister, armé de la férule et du fouet pour la défense des Jésuites.

Voyons si l'anonyme est aussi heureux dans cette métamorphose que dans les autres, et si le P. Martin est en grand courroux.

On lit dans les paragraphes XII et XIII, page 7 du Précis historique que les Jésuites étaient déjà établis à Smyrne à l'époque de 1630, mais qu'ils y étaient comme simples missionnaires *sans aveu, sans caractère et sans autorité.*

Le P. Martin, n'ayant ni fouet, ni férule à la main, a remarqué tout simplement (p. 8 de sa réponse), que les PP. Jésuites envoyés par le St.-Siége à Smyrne en qualité de missionnaires ; que les Jésuites vicaires de l'Archevêque revêtus de ses pouvoirs, n'étaient pas des hommes *sans aveu*, *sans caractère*, *sans autorité*, *ainsi que le dit l'anonyme qui ne paraît pas trop comprendre la force des termes.*

Il plaît à l'anonyme, qui souvent change les ronds en carrés, *mutat rotonda quadratis*, de dire p. 13 de sa réplique, *que sans aveu sont des expressions propres, des mots techniques qu'il a pris dans les lettres-patentes de Sa Majesté le Roi de France, auxquelles il n'avait voulu rien changer. Ce qui signifiait alors que les Jésuites n'étaient avoués ou reconnus par aucune puissance de l'Europe, ni par aucun firman de la Porte-Ottomane.*

Fort bien; mais a-t-il pris dans les lettres-patentes du Roi de France les mots, *sans caractère*, *sans autorité*, qu'on trouve dans son Précis historique, et qu'il a fait disparaître dans sa Réplique? Ne pourrait-on pas soupçonner que ces dernières expressions sont de sa propre invention?

Quoiqu'il en soit, des prêtres revêtus de tous les pouvoirs d'un évêque, ne peuvent être considérés comme des hommes sans aveu, sans caractère, sans autorité, et n'ont pas besoin de lettres-patentes, ni de firman du Grand Seigneur, pour exercer des fonctions purement spirituelles.

Par exemple, si l'anonyme avait été nommé grand vicaire par Mgr.

Cardelli, qui a été dans un tems son bienfaiteur, son protecteur, et contre lequel il n'a écrit que pour se venger d'un refus de certificat, aurait-il eu besoin d'un firman de la Porte, ou de lettres-patentes du Roi pour en exercer les fonctions? Aurait-on pu dire de lui, Monsieur..... est un prêtre sans aveu, sans caractère, sans autorité? C'est le cas des Jésuites, simples missionnaires, mais grands vicaires de l'archevêque pour les pouvoirs spirituels.

On peut juger maintenant du grand courroux du P. Martin, et de sa transformation subite d'*ancien professeur d'université, en simple magister armé de la férule et du fouet pour la défense des Jésuites.*

N° XIV.

Indiscrétion.

Le P. Martin est l'ami et le confident de M. l'Abbé Desmazure qui prend tant de peines pour sécourir les lieux saints, desservis par les Récollets. Quelle indiscrétion y a-t-il de l'avoir prié d'être l'organe auprès du Roi, de l'inviolable attachement de Mgr. Cardelli Recollet?

L'anonyme trouve cette indiscrétion dans le défaut où se trouve le P. Martin de donner l'assurance à M. l'Abbé Desmazure *que le Pontife ait fait retentir, au moins une fois, les voûtes sacrées de sa cathédrale, du nom de son auguste protecteur et bienfaiteur*...... Le

P. Martin ne saurait donner cette assurance à M. l'abbé Desmazure mais d'après la connaissance qu'il a des sentimens de Mgr. Cardelli, il croit pouvoir affirmer que ce prélat n'est point ennemi des lis.

Ne serait-ce pas au contraire indiscrétion de la part de l'anonyme d'exiger que Mgr. Cardelli fit chanter dans sa cathédrale, qui est sous la protection de l'Autriche, *Domine salvum fac Regem nostrum Ludovicum*, au lieu de *Domine salvum fac Imperatorem nostrum Franciscum?*

Le verset *Domine salvum fac*, est une prière publique qu'on ne peut chanter dans l'Eglise de Ste.-Marie que pour l'Empereur d'Autriche; mais dans des prières privées, particulières, Mgr. Cardelli, les prêtres attachés à sa cathédrale, tous les fidèles qui la fréquentent, ne peuvent-ils pas adresser des vœux au Ciel pour la conservation des jours précieux du Roi de France, de toute son auguste famille, ainsi que pour la prospérité de son royaume ?

N° XV.

Morgue.

Il faut avouer que l'anonyme est heureux dans ses applications. Ne trouve-t-il pas que le P. Martin montre de la morgue dans cette dernière phrase de sa réponse : *si l'anonyme trouve mauvais qu'on ait répondu à son libelle, on le priera de relire les paroles de l'épigraphe :*

si crimen est respondisse, majus est provocasse.... A-t-on de la morgue quand on prie ?

L'anonyme n'a pas eu égard à la prière du P. Martin. Il n'a ni bien lu, ni bien rélu l'épigraphe.... il a retranché, sans le vouloir sans doute tout innocemment, la particule *si*, en faisant dire à St.-Bernard : *crimen est respondisse....* Oh pour cette fois M. l'anonyme ! vous donnez non seulement une furieuse entorse au passage de St.-Bernard, mais vous l'estropiez même.... Ce saint docteur répondait à un libelliste et lui disait : *Si crimen est respondisse, majus est provocasse.* Trouvez-vous que dans cette réponse, St.-Bernard ait commis un crime ?

Remettez, s'il vous plaît, le *si*, et vous verrez que le grand St.-Bernard et le P. Martin ne sont point *évidemment en opposition avec cet axiôme de l'école : non sunt facienda mala, ut eveniunt bona.*

Une autre fois, veuillez-bien un peu mieux régenter.

N° XVI.

Emportement. Ultima ratio du P. Martin.

« Enfin dans son impatience,
» père Martin exhale sa mauvaise
» humeur, en taxant l'anonyme
» d'ignorance et de pédanterie. »

L'anonyme s'adoucit tout de suite, et au lieu d'emportement, ce n'est plus qu'une impatience;

qu'une mauvaise humeur : grand merci.... mais quel est cet emportement du P. Martin ?

Qu'on lise d'abord le premier paragraphe *du Précis historique*, où l'anonyme donne à l'Etablissement des RR. PP. Capucins dans le Levant la plus haute antiquité, une origine qui se perd dans l'obscurité des tems les plus reculés ; et ensuite les pages 23, 24, 25 et 26 de la réponse du P. Martin, et l'on verra si l'on y trouve de l'emportement.

L'anonyme s'est offensé de ces mots, *ignorance*, *pédanterie* ; il paraît que son amour-propre en a été vivement blessé ; mais qu'il s'en prenne à lui-même. Pourquoi faire un si risible anachronisme avec un ton si ridicule de docteur ?

Le chatouilleux anonyme s'est trouvé dans l'embarras, il n'a pu s'en tirer, et s'est contenté d'exhaler sa mauvaise humeur contre *la profonde érudition de l'emporté* P. *Martin, sur le froc et sur la sandale.*

NOTES DE L'ANONYME,

PAGE SEIZE DE SA RÉPLIQUE.

Première Note.

« La plupart des attestations, » présentées avec tant d'emphase, » sentent l'empirique, etc. » Honneur et gloire à ceux qui les ont faites et signées.... Les voilà des empiriques, ou à peu-près des charlatans. C'est à eux à dissiper cette agréable odeur d'empirique, et à prouver que dans son libelle, l'anonyme, comme ils l'attestent, accuse réellement et injustement Mgr. Cardelli d'avoir violé le concordat de 1763.

Seconde Note.

« Le défaut d'attestation de » Dom Grégoire laisse subsister tout » le poids de l'accusation de tyran- » nie exercée sur ses facultés. »

A ce défaut d'attestation de Dom Grégoire, on opposera le témoignage authentique et *non empirique* des principaux membres du clergé de Smyrne.

« Nous soussignés, disent-ils, » attestons et confessons, pour le » triomphe de la vérité, et la

» confusion de l'auteur du libelle » anonyme..... intitulé : *Précis his-* » *torique*, etc... Et pour la justi- » fication et la gloire de notre » illustre Archevêque... Que pour » ce qui regarde l'interdit des » prêtres indiqués dans le paragra- » phe 32 (1) du susdit libelle, » il est constant que lesdits indi- » vidus ont été suspendus par de » très-justes motifs à nous connus.»

Comment, d'après un certificat si respectable, l'anonyme ose-t-il soutenir que le défaut d'attestation de dom Grégoire laisse subsister tout le poids de l'accusation de tyrannie exercée contre lui par Mgr. Cardelli?

---

(1) Dans le paragraphe 32 du *Précis historique*, le premier des prêtres interdits est Dom Grégoire.

Troisième Note.

Dans cette dernière note, il est dit que la réponse en 50 pages du P. Martin *ressemble à la vieille mousqueterie d'Avignon dont parle Berenger*, etc.... *Et qu'elle parodie à merveille la fameuse salve des 50 vieux mousquets, dont trente-six firent faux-feu et quatorze crevèrent.*

L'anonyme s'entend vraiment bien en comparaisons, en parodies, et en mousqueterie.

Il ne faut point s'étonner qu'après avoir placé un archevêque sur un champ de bataille, tout occupé à aiguiser les armes de l'interdit et de la suspense, l'anonyme place aussi, au milieu d'une mousqueterie, le P. Martin, simple promoteur, petit chanoine honoraire. Ce qu'il y a d'heureux, c'est que ces 50 vieux mousquets font faux-feu ou crèvent, et que le P. Martin n'en reçoit aucune éclaboussure.

Sans artillerie et sans mousqueterie ne pourrait-on pas riposter qu'en retranchant de la réplique, composée de 16 pages : « Respec-» table P. Martin, franciscain, » recollet, promoteur métropoli-» tain, chanoine honoraire de l'é-» glise d'Aix, ancien professeur » en l'université de cette même » ville ; » que l'honnête anonyme répète jusqu'à satiété...... qu'en retranchant toutes ces belles expressions : « Opinion outrée...... » Abus des mots... Fausse appli-» cation..... Fausse interpréta-

» TION.... FAUSSE CONSÉQUENCE....
» FANFARONADE..... FAUSSE CITA-
» TION.... QUIPROQUO..... OUBLI....
» ENTHOUSIASME.... CONTRE-SENS...
» EMBARRAS... GRAND COURROUX...
» INDISCRÉTION.... MORGUE.... EM-
» PORTEMENT... » Qu'en retranchant enfin « les erreurs, les chûtes, les » méprises, les distractions, les » préventions, les précipitations, » les puérilités du P. Martin, etc. » Ainsi que ces jolis mots : « sans » pudeur, sans raison, magister, » régenter, férule, fouet, etc... » On la verra se dissiper en fumée cette réplique aussi sensée que bienséante !

On en excepte le long article de l'*adjutorium* et du *sit nomen Domini benedictum* qu'on chante pontificalement dans la paroisse de St.-Policarpe par privilége qu'on doit respecter certainement.... On en excepte aussi tout ce qui regarde les RR. PP. Capucins, dont le P. Martin a fait l'apologie en plusieurs endroits de sa réponse; apologie que, dans la fameuse salve des 50 vieux mousquets, aurait dû épargner leur avocat bénévole, dont ces bons pères ont l'honneur d'être les cliens malgré eux.

CONCLUSION.

Le P. Martin n'a répondu au *Précis historique* que pour la justification de Mgr. Cardelli..... Cette justification avait surtout pour objet les interdits dont on l'accuse dans cet écrit, et les injures qu'on y vomit contre lui.

L'auteur de la Réplique, au lieu de s'attacher à l'objet essentiel de la Réponse du P. Martin, s'est accroché à des alibiforains, comme *abus de mots*, *entorses*, *quiproquo*, *fausses citations*, *fausses interprétations*, *etc.*, qui n'ont aucun rapport avec la question principale, celle des interdits.

Le P. Martin, qui ne craint ni la férule, ni le fouet de son régent, persévèrera à croire et à dire que le *Précis historique* est un libelle diffamatoire..... Que l'anonyme a manqué essentiellement à l'épiscopat, en diffamant un évêque à cause d'interdit.

Le concordat de 1763 n'étant

pas formellement violé, comme il conste par toutes les attestations de Smyrne ; les privations pénibles de la paroisse de Saint-Policarpe n'étant que l'effet des malheurs locaux et matériels : l'anonyme n'ignorant pas le bref du Saint-Siége qui donne le titre de cathédrale à la paroisse de Sainte-Marie ; le *Précis historique* manquait de but et d'utilité... Au lieu de le faire imprimer, on devait garder un profond silence.

L'anonyme ne l'a pas gardé ce sage silence, parce qu'il voulait se venger de Mgr. Cardelli. On trouve, dans la lettre (1) imprimée

(1) On n'a pas voulu placer cette lettre à la suite du *Précis historique* par ménagement pour l'anonyme.

qu'il lui a adressé le 20 décembre dernier, la preuve évidente de cette vengeance.

Il a beau dire que l'attestation du clergé de Smyrne, et les autres sentent pour la plupart l'empirique.

Ces attestations, qui détruisent ses calomnies contre Mgr. Cardelli, et qui qualifient son écrit de *libelle; libelle qui n'a mérité que le mépris de toutes les personnes honnêtes de Smyrne*, portent avec elles un caractère d'authencité, de vérité et de respect qu'il ne pourra jamais leur enlever.

P. S. On vient de recevoir un mémoire où l'ancienneté de la paroisse de Ste.-Marie, sur celle de St.-Policarpe est prouvée d'une manière irréfragable;

1° Par la venue à Smyrne des PP. Franciscains bien antérieure à celle des PP. Capucins.

2° Par plusieurs décrets de la sacrée congrégation de la Propagande, entr'autres par celui du premier juin 1750, muni du seing du cardinal Valenti.

Voici les mots qui se trouvent à la fin de ce décret :

Reliqui verò catholici qui sive Smyrnis degentes, sive illuc appellentes, superius expressis non pollent requisitis et personalibus qualitatibus, sunt, et omnino esse debent et censentur de PAROCHIA AN-

TIQUIORI *patrum reformatorum.*

« Les autres catholiques domi-
» ciliés à Smyrne ou qui y abor-
» dent, n'ayant pas les qualités
» requises et personnelles ci-dessus
» exprimées, sont et doivent cen-
» sés être de la PAROISSE PLUS
» ANCIENNE des PP. Réfor-
» més, » ou Soccolans (1).

3° Par le nécrologe des PP. de Sainte-Marie, où l'on voit un P. Dominique Marengo, qui, avant d'être nommé à l'évêché de Scyros (île de l'Archipel) en 1620, avait

(1) Par ce décret, la congrégation de la propagande explique ces mots *pro natione gallicâ, eique adhærentibus*, qu'on trouve dans celui du 23 décembre 1630, époque où l'église des PP. Capucins fut déclarée Paroisse... L'anonyme n'osera pas sans doute dire que ce décret sente l'empirique.

été déjà curé de la paroisse de Sainte-Marie ; ce qui prouve évidemment qu'avant l'établissement des PP. Capucins français à Smyrne en 1628, les PP. Soccolans y existaient déjà, et desservaient la susdite paroisse.

4° Enfin, par la sépulture, dans la même église, de deux archevêques qui reconnaissaient, en vertu de leurs bulles, la paroisse de Ste-Marie pour leur cathédrale.

Tous les argumens de l'anonyme, sur l'ancienneté de l'église de Saint-Policarpe, doivent céder à des preuves si convaincantes, s'il ne veut avoir recours, comme il ne craint pas de l'avancer p. 6 de sa Réplique, *à un faux exposé à l'autorité supérieure*, *en lui présen-*

tant la paroisse de Sainte - Marie comme la plus ancienne des deux.... Mais il ne suffit pas dire qu'on a fait *un faux exposé*, il faut le prouver, et montrer comme subreptice le bref du Saint-Siége, qui accorde le titre de cathédrale à la paroisse de Ste.-Marie..... L'anonyme aurait dû consulter non-seulement les archives des PP. Capucins, mais encore celles des PP. Soccolans, pour porter un jugement plus sûr et plus solide sur l'ancienneté des deux paroisses, et suivre cet axiôme de droit, *audiantur partes.*

FIN.

www.ingramcontent.com/pod-product-compliance
Ingram Content Group UK Ltd.
Pitfield, Milton Keynes, MK11 3LW, UK
UKHW020146200726
13856UKWH00003B/872